なるにはBOOKS

大学学部調べ

子ども学部

木村由香里 著

ぺりかん社

はじめに

2023年、一人の女性が一生のうちに産む、子どもの数の指標「合計特殊《とくしゅ》出生率」は1・20前後となるという予想で、統計を取り始めてからもっとも低くなる見通しです。出生数は約72・6万人で、前年よりも約4万人以上減少し、過去最少となりました（厚生労《こうせいろう》働《どう》省人口動態統計概数から試算）。少子化については、将来の生産年齢《ねんれい》人口の低下、経済成長率の低下、地域・社会の担い手の減少などといった側面ばかりが目立っていますが、子どもたちの成育環境《かんきょう》にも大きな変化をもたらしています。以前は同じマンションやアパート、近隣《きんりん》に子どもがいて、いっしょに外遊びをしたり、雨の日は友だちの家で遊んだりしたものです。ところが今は、近所に子どもがあまりいなく、一人で家に籠《こも》ってゲームをするなど、遊び方も変わってきました。幼稚園《ようちえん》・保育園以外で友だちがいない、という子も増えてきました。

経済的にも共働きをしなくてはならない家庭が増え、少子化であっても幼稚園《ようちえん》や保育園、認定こども園などは今後さらにニーズが高まり、大切な役目を果たすようになってくるといわれています。また、共働き家庭が増えるにしたがって、園に対しての保護者からの要望も多様化してきています。

少子化と時代が変化している中でも、保育士や幼稚園教諭《ようちえんきょうゆ》は中学生や高校生がなりたい職業として人気があります。

『子ども学部』（児童学科も含《ふく》む）は、そんな保育者になりたい人に向けて書いた本です。『子ども学』とはどんな学問か」は本書の中にも書いていますが、コアにあるのは「子ども」そして「人間」です。「子ども」とは「人間」とは何かを知るために、関係があると思われるさまざまな学問を動員して、多角的に研究するのが「子ども学」です。

本書には「子ども学部にはどんな学科があるのか」「どんな資格が取れるか」などや、学部の先生、大学で学んでいる現役の学生や卒業生のインタビューも収録してあります。インタビューでは保育者になるために、学業やボランティアにはげむようすや、卒業後、大学で学んだことを活かしながら熱い思いで、保育者として子どもに接している先輩《せんぱい》たちの姿を、垣間《かいま》見ることができると思います。

先にも書きましたが、少子化を迎《むか》え保育環境《かんきょう》も多様化し、保育者にとっても難しい時代がくるかもしれません。でも、保育は「子どもたちを育て、未来と可能性を育てる」すてきな仕事です。本書を読んでくださった方に少しでも「子ども学」を学ぶ楽しさが伝わりお役に立てれば幸いです。

著者

子ども学部　目次

3章 子ども学部のキャンパスライフを教えてください

4章 資格取得や卒業後の就職先はどのようになっていますか？

5章 子ども学部をめざすなら何をしたらいいですか？

＊本書に登場する方々の所属・情報などは、取材時のものです。

1章

子ども学部は
どういう学部ですか？

Q1 子ども学部は何を学ぶところですか？

保育や幼児教育に関して学際的に学ぶ

子ども学部は児童・幼児の保育、発達・健康や行動などを研究し、心身ともに子どもに寄り添《そ》い、健やかに育つことを支援《しえん》するための学問を修める学部なんだ。さまざまな学問領域を学際的に学ぶのも特徴《とくちょう》だよ。この学部で所定の単位を修得すると、保育士資格と幼稚園教諭《ようちえんきょうゆ》一種免許状《めんきょじょう》が取得できるんだよ。

保育士・幼稚園教諭《ようちえんきょうゆ》になるためには、保育学の基本的な考え方である「保育」「心理」「文化」「福祉《ふくし》」「保健」「発達」「支援《しえん》」などのさまざまな領域を学ぶんだ。

たとえば「保育」は、乳幼児を適切な環境《かんきょう》のもとで、健康で安全な活動ができるように見守り、健全な心と体が発達するためにはどうしたらいいか、を考える学問。授業では「保育の意義や歴史」「現代社会の保育」の現状、子どもの観察の方法、保護者への対応などを学ぶよ。また「医療《いりょう》保育」の知識を現役の医師から学ぶ学科もある。

「心理学」は心を科学的に解明する学問だけど、「発達」とも密接な関係があるんだよ。心理学の領域を幅広《はばひろ》く学ぶが、そのひとつに発達心理学がある。これは子育ての心理学ともいわれていて、人の誕生《たんじょう》から大人になるまでが研究対象。乳幼児期から児童期までの心の形成や行動を理解し、各成長段階で生じる問題に対処するための知識を修得するよ。

「文化」では絵本やアート、造形、臨床《りんしょう》美術、伝統的な遊び、リトミック、演劇などを学ぶ。子どもにとっての遊びの意義と、それが子どもに与《あた》える影響《えいきょう》なども考察するよ。

「福祉《ふくし》」は範囲《はんい》が広い。子どもの人権・児童虐待《ぎゃくたい》とDV、貧困などの社会問題とそれらの問題を支える福祉《ふくし》に関して考察する。インクルーシブ保育（子どもの年齢《ねんれい》・国籍《こくせき》・障がいの有無などで排除《はいじょ》されることのないみんないっしょの保育）のあり方なども福祉《ふくし》の範囲《はんい》だ。

「保健」は子どもが健やかに成育するための、健康保持や増進といった基礎《きそ》知識を学ぶ。

子ども学部では人文科学、自然科学、社会科学の分野にわたる学際的な学びをする。

実際の保育現場を学ぶ「実習」

1年生の座学で基礎《きそ》となる理論を学んだ後は、来るべき実習に備えるよ。実際に体と頭を使って、乳児保育園や保育園・幼稚園《ようちえん》や社会福祉施設《ふくししせつ》で実習をするんだ。

保育士資格を取得するための保育所実習は、2年次に12日間、3年次に12日間、3年次には児童養護施設《しせつ》や知的障がい者施設《しせつ》などの施設《しせつ》実習を10～12日間1回行うのが一般《いっぱん》的だ。幼稚園《ようちえん》教諭《きょうゆ》一種免許状《めんきょじょう》を取得するための実習は2年次に2週間、4年次に2週間行う。

実習は今までの学習成果を発揮する機会でもある。実習が不安だと思わない学生はいない。でも実習が始まったら、心配がウソだったかのように、楽しめたというよ。また、机上で勉強していても、実際に子どもとかかわってわかることもあり、実習は実りのあるものだ。ただし実習日誌にはみんな苦労するもよう。

実習生を受け入れて、懐《なつ》いてくれる子どもも多い。子どもの寛容《かんよう》な心と優しさに救われるそうだよ。

主な学部の系統別分類

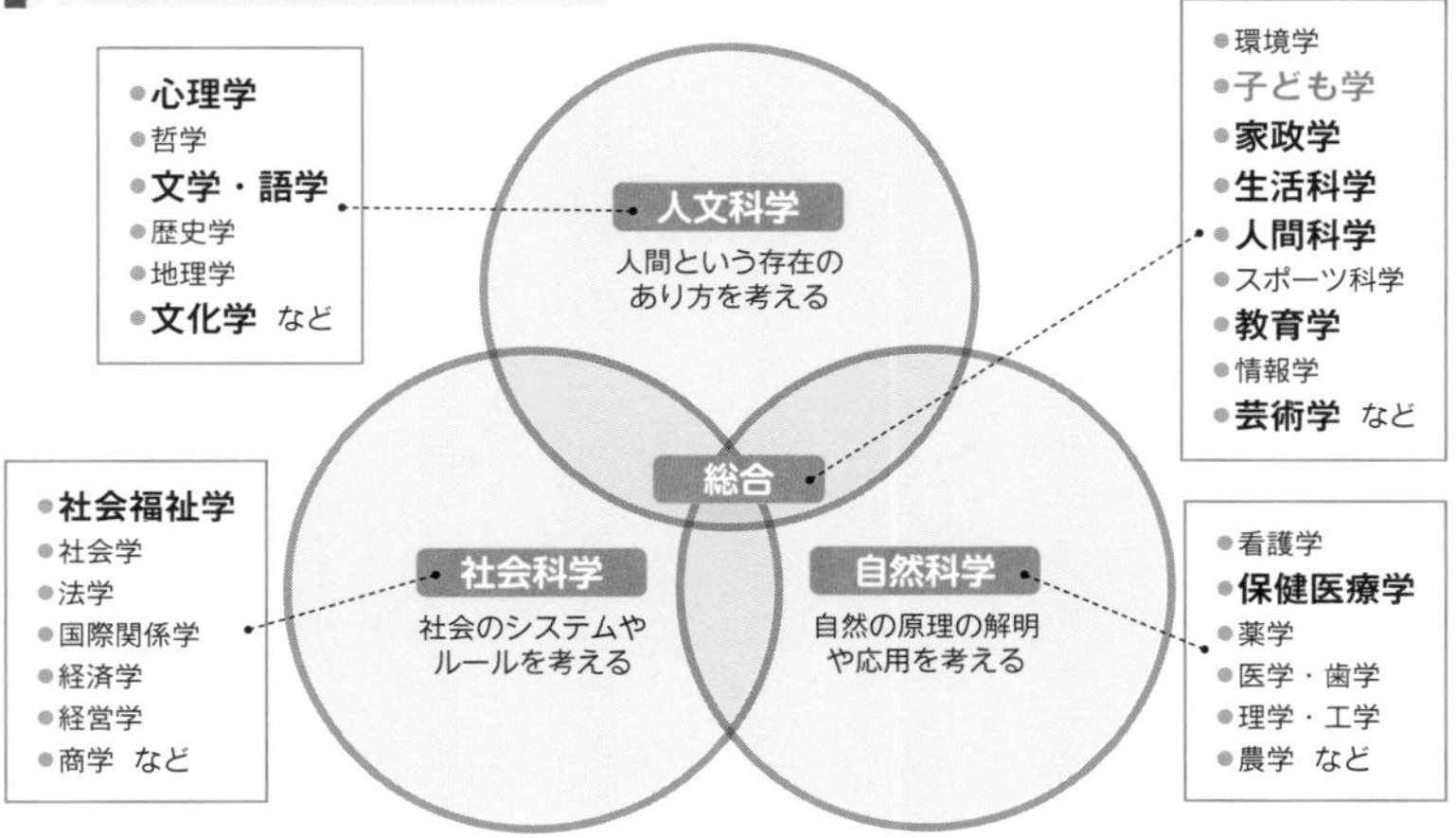

※黒の太字は、子ども学部に関連のある学部だよ！

子どもに寄り添《そ》い健やかに育つように支援《しえん》する学問

グローバルな保育・幼児教育の情報が学べる

ヨーロッパ各国や北米・アジアなどの外国では、保育や幼児教育をどのように行っているのだろう？　国によって保育者の子どもへの接し方や、教育方法は本当にさまざまなんだ。**海外の幼児教育を知るために、欧米・アジアの国々を訪問する研修旅行を実施《じっし》している大学もある。**プログラムには現地の幼稚園《ようちえん》などの見学や、子どもたちと遊ぶ機会も設けられている。現地の大学の幼児教育学部との交流や、行政機関の人から国の幼児教育に関する方針を聞いたり、幼稚園《ようちえん》や施設《しせつ》を見学したりする研修旅行を行っている大学もある。こうした研修を通し、あらためて日本《にほん》の幼児教育のよい点、悪い点が見えてくるという。

世界中の人と物の動きが活発になって、日本の保育園にも親の仕事の都合などで来日したブラジル人やベトナム人、フィリピン人、インドネシア人など、さまざまな国籍《こくせき》の子どもたちがいるよ。各国の文化を調べ、外国にルーツのある子どもたちの成育した背景を理解するなど、多文化保育に関する講座を開講する大学も増えているよ。

Q2 どんな人が集まってくる学部ですか？

将来の夢《ゆめ》に対する気持ちがぶれない人

子ども学部に入学してくる学生は、将来の夢《ゆめ》や目標をはっきりともっている人が多いよ。それは**保育士資格・幼稚園《ようちえん》教諭《きょうゆ》一種免許状《めんきょじょう》を取得して、保育園や幼稚園《ようちえん》で働くという目標なんだ**。なかには「卒業後は特別支援《しえん》学校への就職が目標」と話してくれた人もいたよ。だから「なんとなく」とか「とりあえず」大学のどこかの学部に入っておこう、といった動機で入学してくる人は少ないんじゃないかな。

それに小学生や中学生の頃《ころ》には、すでに幼稚園《ようちえん》の先生や保育士になろうと決めていた、という人も多い。これは少し驚《おどろ》きだよね。自分の目標に向かってぶれることなく、コツコツと努力ができる人たちなんだね。大学・学部を選ぶ時にも、カリキュラムを重視して自分に合う学校を探したり、卒業生の保育園や幼稚園《ようちえん》への就職率なども見ながら検討したりして、受験する学校を決めているようだよ。

子ども好きは当然。フレンドリーで話好きな人

保育士や幼稚園教諭《ようちえんきょうゆ》をめざしたきっかけを聞くと、「年の離《はな》れた弟や妹の面倒《めんどう》を見ることが好きだった」「近所に小さな子がたくさんいて、お姉さん・お兄さん的な存在で遊んであげていた」など、子どもの頃《ころ》から面倒見《めんどうみ》がいいという人が多かった。面倒見《めんどうみ》がいいということは、「人」との関係を大切にしていることだと思う。

また、この学部・学科を志望したのは中学生の時の「職場体験」がきっかけとなって、という人も数多い。保育園や幼稚園《ようちえん》に行って園児たちの優しさ、純粋《じゅんすい》な気持ちや元気全開の子どもたちのパワーにふれて、あらためて保育士や幼稚園教諭《ようちえんきょうゆ》っていいなと思った、という人たちだ。「職場体験」で保育園や幼稚園《ようちえん》を選ぶことからして、もともと子ども好きだと思う。そんな学生たちが集まってくるよ。ほかにも、身近な人が保育園や幼稚園《ようちえん》の先生をしていて、その姿を見てあこがれたという人もいるよ。

優しくてフレンドリーで話好きな人も、この学部に来る人の特徴《とくちょう》。確かに幼稚園《ようちえん》や保育園の先生って、子どもたちに対して優しくて穏《おだ》やかに接しているよね。それに明るい。

また、話好きの人はコミュニケーションスキルにすぐれているともいえる。子どもとのやり取りには、このスキルはとっても役に立つ。自分の気持ちや考えをうまく言えない子

どもの、伝えたいことを引き出してあげたり、汲《く》み取ってあげたりすることができるのは、保育の現場ではとても大切なことだから。

また、保育士は子どもだけを相手にしているわけではないんだ。保護者や園のスタッフなど、大人ともやり取りをしなくてはいけないことが多い。特に保護者とは子どもに関する連絡《れんらく》はもちろん、ときには家庭の事情にも踏《ふ》み込《こ》んで話をすることもあるから、コミュニケーションスキルはここでも必要となる。「優しくてフレンドリーで話好きな人」はもうそれだけで、この学部には適しているのかもしれないね。

子ども学科・保育学科や児童学科は比較的《ひかくてき》少人数でグループ学習をすることもある。コミュニケーションを取ることが上手な人が多いので、和気あいあいとしていて人間関係もよいキャンパスライフが楽しめると聞くよ。

奉仕《ほうし》の心がある人

困っている人がいたら力になりたい、つらいと感じている人がいたら寄り添《そ》ってあげたい、人の役に立つことをしたいなどと考える人も、子ども学部に向いていると思う。

在学生に話を聞くと、中学生や高校生の時から児童館や保育園、児童養護施設《しせつ》でボランティアをしていたという人もいる。ボランティアは学校に紹介《しょうかい》してもらったり、先生に頼《たの》んで保育園や児童養護施設《しせつ》に問い合わせてもらったりして自主的に行ったそうだ。大学に入ってからも、同じ施設《しせつ》でボランティアを続けている人もいるし、地元を離《はな》れている人は新たに紹介《しょうかい》してもらって、大学の近くでボランティアをしている人もいる。

また大学周辺に住む親子のために、子育て支援《しえん》をしているサークルもある。もちろんこのサークルもボランティアのひとつだ。みんなボランティアを特別なことは考えずに、あたりまえのこととしてやっているんだ。奉仕《ほうし》の心をもっている人が集まっているよ。

努力ができる人、責任感のある人

この学部に集まる人は努力家も多いよ。小学校や中学校で目標を定めて、ぶれずに子どもも学部に入学してくるんだからね。また責任感の強い人もたくさんいる。保育園や幼稚園《ようちえん》は子どもを預かるところだから、責任感は保育者として必要な素養だよ。この学部にはそんな人たちが集まってくる。みんな授業への取り組みは真面目《まじめ》で、グループワークなども個々がきちんと自分の責任を果たし協力的に進めているそうだ。

Q3 学んだことを社会でどう活かせますか？

プロの保育者として子どもの才能を見抜《みぬ》き伸《の》ばす

今後、保育・幼児教育の専門家は、ますます重要な役割を求められると思う。

今の日本にとって少子化は大きな問題。２０２３年は新生児の数が約73万人で、過去最少になったというニュースを聞いたことがあるかな。もちろん政府も少子化対策を打ち出してはいるけれど、子どもを産み育てる世代のニーズに合致《がっち》しているのか、どの程度の有効性があるかは未知数だ。

こうした状況《じょうきょう》は、子どもの成育にも大きな影響《えいきょう》を与《あた》えることになるだろうし、ますます子どもの「育ち」を支える、保育の「スペシャリスト」が必要となってくると思われる。

今は小さな子どもだけど、やがて彼《かれ》らは未来の日本の国の成長を支え、担う人材になっていく。この子どもたちには一人ひとり人格と個性があり、未知の可能性も秘めているんだ。今、保育をしている子どもたちのなかから将来、偉業《いぎょう》を達成する科学者が出現する

かもしれないし、偉大《いだい》なアーティストやミュージシャンが生まれるかもしれない。また、著名な建築家が誕生《たんじょう》するかもしれないよ。

大学で学んだ知識とこれから現場で積む経験を活かして、子どもたちに寄り添《そ》い、その成長を支えることはもちろん、その上で、保育者として子どもたちのもつ、さまざまな才能や興味を引き出してあげられたらすばらしいよね。保育者がつくる環境《かんきょう》次第で、子どもの「育ち」は異なってくるんだ。子どもの才能や能力を見つけ伸《の》ばしてあげる、夢《ゆめ》もやりがいもある仕事だね。

「保育は時代を背負う人材を育てて未来をつくる仕事。子どもを育てることは国を育て、地球を育てること、そこには底知れぬ魅力《みりょく》がある」とある教授も言っていたよ。

在宅保育のプロ・認定ベビーシッターとして

ベビーシッターは指定された日と一定の時間に各家庭に行き、乳幼児・児童の保育や教育などを行う。病気の子どもを預かる病児保育や、宿泊《しゅくはく》をともなう保育、保育園や幼稚《ようち》園《えん》への送迎《そうげい》、食事の補助や育児相談など、仕事内容は相手のリクエストによって変化する。

ベビーシッターを頼《たの》む人は少ないと思われがちだけど、最近では、働き方の多様化でニーズも増えつつある職種なんだ。

認定ベビーシッターとは、ベビーシッターとして必要な専門知識・技術がある人のこと。実務経験者で、「全国保育《ぜんこくほいく》サービス協会《きょうかい》」が実施《じっし》する認定試験に合格している人のことをいうんだ。

資格取得指定校制度もあって、指定校の学生は保育士の資格取得に必要な単位に加え、「在宅保育」の科目の単位も取得する。卒業（見込《みこ》みも含《ふく》む）をした人のうち希望者には民間資格の「認定ベビーシッター」が与《あた》えられるんだ。ベビーシッター自体は、特に資格はなくても働けるが、「認定ベビーシッター」のような資格をもっているほうが、実際に保護者からの信頼《しんらい》が高くなる傾向《けいこう》がある。

認定ベビーシッターのなかでも、保育士や幼稚園教諭《ようちえんきょうゆ》の資格をもっている人は重宝されるよ。保育園や幼稚園《ようちえん》以外でも、学んだことを活かして活躍《かつやく》できる仕事でもある。

保育者の資質はどんな職場でも役に立つ

保育士や幼稚園《ようちえん》の先生の資質をもっている人たちは、一般企業《いっぱんきぎょう》でも十分活躍《かつやく》することができるよ。

たとえば、人見知りせず誰《だれ》とでもつきあえる社交性。子どもを預かるという仕事の性格上、責任感も強い。子どもや保護者との関係同様に、人との信頼《しんらい》関係を築くことも上手だ。

常に子どもの周囲を気にする習慣がついているので、注意力と気働きもある。

また、幼い子どもたちだけでなく、同僚《どうりょう》の保育者や保護者との意思疎通《そつう》ができるコミュニケーション能力も備わっている。学級運営もするので、リーダーシップも培《つちか》われている。これらの資質はいかなる職種でも役立つと思う。

不測のことが起こった時の対応力

保育者が常に気に留めていることは、子どもの命を預かっているということ。保育園や幼稚園《ようちえん》の子どもたちは、ときとして大人が予期しない行動をするんだ。どんなに保育者が安全に留意していても、ヒヤッとすることはどこの現場でも起こりうる。また、近年では不審者《ふしんしゃ》が園内に侵入《しんにゅう》する、などということも起こったりする。

保育者はそうした突発的《とっぱつてき》なできごとに対しても、日頃《ひごろ》から想定しているので、冷静に被《ひ》害《がい》を最小限に抑える対応力があるんだ。こうしたスキルはどこでも役立てることができるんだよ。

保育者としての学びはほかの仕事でも役立つよ

2章

子ども学部では
どんなことを学びますか？

Q4 子ども学部には主にどんな学科がありますか?

子ども学の特定の学問領域を主張する学科名も

「子ども学部」は子ども学科と、1学部1学科で設置されている場合もあるけれど、他学部内に子ども学科があることも多いんだ。

たとえば今回取材した在校生と卒業生のなかには、「健康発達学部」に設置されているこども学科で学んでいる人もいた。ほかにも「教育福祉《ふくし》学部」「社会福祉《ふくし》学部」「人間科学部」「人間学部」「教育人間科学部」「教育学部」などの、学部のなかの学科のひとつとして設置されていたりする。**だから子ども学科のある大学を探す時には、「子ども学部」以外の学部も気に留めて調べてみたほうがいいよ。**

学科名として、子どもに加えて力を入れている学問領域をつけ、独自のカラーを打ち出している大学も多いよ。たとえば、「子ども支援《しえん》学科」は「支援《しえん》学」を前面に出している。「子ども心理学科」は「心理学」だ。ほかにも「子ども文化学科」などがある。社会福祉《ふくし》

系の大学などには「福祉《ふくし》学」の学問領域のひとつとして、「子ども福祉《ふくし》学科」「子ども家庭福祉《ふくし》学科」「児童福祉《ふくし》学科」といった学科を設置しているところが多い。

文部科学《もんぶかがく》省の学術分科会の資料によると、『子ども学』は、保育・幼児教育・子育て支《し》援《えん》等を担う人材を対象とするもので、教育学・保育学・児童福祉《ふくし》学等の知見を活用するもの」とされている。

その定義から、子どものことを対象として研究している「児童学部」「幼児教育学部」や「生活科学部・家政学部」の保育学科、児童学科、幼児教育科なども広義で子ども学の仲間となるようだ。

子ども学に関する学科では、保育士か幼稚園教諭《ようちえんきょうゆ》の資格が得られる

子ども学や児童学は保育学・心理学・発達学・福祉《ふくし》学・文化学・保健学などの学問分野を基盤《きばん》としている。大学の学科に関しては先にも書いたけれど、「子ども＋基盤《きばん》の学問分野＝学科」でそれぞれ特徴《とくちょう》を出している。学部を構成する要素としての学科は、より専門の学問領域に分かれているんだ。

基本的にどの学科でも、保育士または幼稚園教諭《ようちえんきょうゆ》、その両方の資格が取得できるカリキュラムを組んでいる。ほかの資格の取得は各基盤《きばん》となる学問に関連するものとなる。

子ども学の各学科で学ぶこと

子ども学・幼児教育学・保育学系学科は、児童や乳幼児などの保育、心身の発達・健康、人間形成の過程などを研究する学問なんだ。また、子どもを取り巻く環境《かんきょう》や多様な問題などについても学び、援助《えんじょ》できる専門性も身につけるよ。近年では国際化にともない、外国にルーツをもつ園児も増えている。そうした園児に対応する保育の多様性などを学ぶ科目も増えている。

子ども支援《しえん》系学科は、障がい児や心と体の支援《しえん》を必要とする子どもに向けた学問を修める学科だ。障がいのある子どもや、病院に入院している子どもたちに対

子ども学系列の主な学科

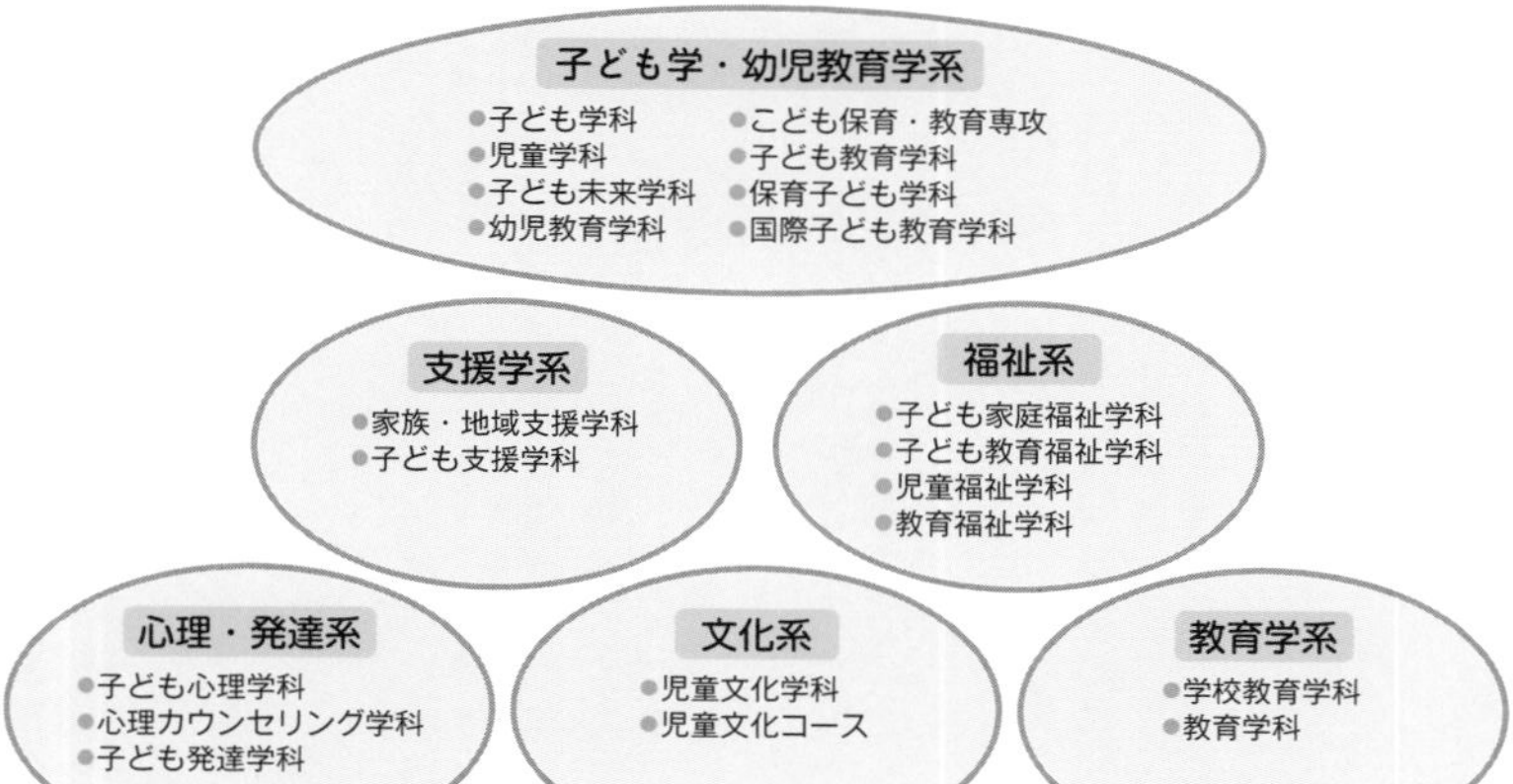

応できる保育者を育成する。現役の医師から医療《いりょう》の知識を得たり、障がいに合わせた支《し》援《えん》法なども学んだりするんだ。

子ども社会福祉《ふくし》系学科では児童福祉《ふくし》について学ぶ。子どもを取り巻く環境《かんきょう》が大きく変化したことで、問題を有する子どもや家庭も増えてきた。虐待《ぎゃくたい》・貧困など困難をかかえている子どもが健全に成育できるよう、家庭も含《ふく》め支援《しえん》する方法・知識を得る。子どもの発達・成育を守るために、子どもにかかわる福祉《ふくし》の専門的な知識や技能を習得するんだよ。

子ども心理系学科では、子どもの心に関して科学的なアプローチ方法や技術を学ぶ。基《き》礎《そ》的《てき》な心理学概論《がいろん》と専門的な子どもの心理学、乳幼児期から成人期に至るまでの子どもの心の形成と行動を研究する。子どもの成長と発達に応じて起こる諸問題に、心理的・教育的対処の仕方を学ぶとともに支援《しえん》方法を修得する。

子どもに関する学科としては、各大学の学科の設置数はまだ少ないが児童文化系学科がある。子どもの視点から文化にアプローチしたり、理論と実践《じっせん》を通して「遊び」を学んだりするんだ。幼児教育の中で重要な役割をもつ遊び、絵本などの文化を研究するよ。

子ども学科以外にも、子ども＋各学問領域の学科もあるよ

Q5

子ども学・幼児教育学・保育学系学科では何を学びますか？

子ども学は子どもを知り、人間を知る学問

子ども学の研究や学びは、「子どもを知ることは人間そのものを知ること」という言葉に集約されている。子どもの時の生育環境《かんきょう》や親・友人との関係が、大人になってからの性格や行動パターンを形成するんだ。

また、大人になってから生じる精神・心理的な問題は、その人の子どもの頃《ころ》から現在までの環境《かんきょう》や体験したことを知ることで、精神・心理的な負担を軽くするヒントが見つけられるといわれている。つまり子どもが健全な大人になるためには、子どもの頃《ころ》に体験するよいこと悪いことのうち、悪い体験を極力遠ざけるようにして、人格を形成することが大切なんだ。子ども学に関しては、学問としての体系化がまだ整っていない部分もあるそうだよ。また、保育士・幼稚園教諭《ようちえんきょうゆ》を養成する大学の学部・学科でも、子ども学を構成している科目を学ぶことができる。

保育・幼児教育の知識と実践《じっせん》的《てき》な技術を学ぶ

子ども学・幼児教育学・保育学の学科では、基本的に乳幼児・児童の保育の内容・方法、保育の対象の理解、教育の基礎《きそ》的理解、保育の本質・目的の理解などを学ぶ。**保育士資格か幼稚園教諭《ようちえんきょうゆ》一種免許状《めんきょじょう》、またはその両方の取得をめざす学生にとっては定番の学科だ。**

ここで、保育士と幼稚園教諭《ようちえんきょうゆ》の違《ちが》いは何か、少し確認してみよう。

保育士は保育を必要とする乳幼児を保護者に代わって預かる。主な入園理由は保護者の就労だけど、保護者の疾病《しっぺい》、妊娠・出産、親の介護などということもあるんだ。保育士になるには国家資格の取得をしなければならない。大学が厚生労働《こうせいろうどう》大臣の指定する「指定保育士養成施設《しせつ》」となっていて、所定の専門の単位を取得し保育実習を修了《しゅうりょう》していれば、試験を受けずに国家資格が取得できる。

幼稚園《ようちえん》は小学校入学前に、生活や学習の基盤《きばん》を培う学校教育のはじまりでもあるよ。対象は満3歳《さい》から小学校入学前までの子どもとなる。幼稚園教諭《ようちえんきょうゆ》は教員免許《めんきょ》が必要。

ここ数年は教育・保育を一体的に行う、幼稚園《ようちえん》と保育園の両方のよさをあわせもっている認定こども園が増えてきている。認定こども園で働くためには、保育教諭《きょうゆ》といって保育士資格と幼稚園教諭免許状《ようちえんきょうゆめんきょじょう》が必要。両方の資格を取得できる学科も多くなってきている。

4年間で学ぶカリキュラムは？

カリキュラムは大学の教育方針によって、基礎《きそ》科目や専門科目に特徴《とくちょう》がある。ほかの学部と同様、1、2年生は「外国語」「日本国憲法」「情報処理、情報リテラシー」などの教養科目を学ぶ。生活科学部・家政学部の中にある幼児教育学・保育学系は教養科目に「住居学」「被服学《ひふくがく》」「食物学」などの科目がある。

専門科目の中の基礎《きそ》科目として代表的なものに「保育原理」がある。この科目は、保育にかかわるすべての要素を網羅《もうら》する、基礎《きそ》となる学問。保育の意義や歴史、現代の保育の状況《じょうきょう》や子どもの見方、保護者と子どもとの関係などを1年生で学ぶよ。ほかにも「教育原理」や「社会福祉概論《ふくしがいろん》」「幼児教育概論《がいろん》」「保育者論」など、**1年生は主として子ども学や児童学の専門科目の基礎《きそ》を履修《りしゅう》し、学び方や考え方を習得する。**

2年生になると基礎《きそ》科目以外に、「保育内容（健康）」「保育内容（言葉）」「子どもの食と栄養」などの専門科目が増えてくる。**2年生は、保育者として必要な基礎《きそ》科目や専門科目などの内容を習得するとともに、大学によっては保育園実習などが始まり保育の実践《じっせん》力《りょく》を徐々《じょじょ》に身につけていく。**

教育実習（幼稚園《ようちえん》）や保育実習、施設《しせつ》実習に加えて3年生ではゼミも始まる。各実習は

保育士資格や幼稚園《ようちえん》教諭《きょうゆ》免許状《めんきょじょう》を取ることが定番

2週間ほどだ。今まで勉強したことが役立つこともあるけど、子どもに振《ふ》り回されたりしてなかなかハードな2週間になる。ゼミは各先生がテーマを挙げるので、自分が学びたいと思うテーマのゼミを選ぶことになる。人気のあるゼミは抽選《ちゅうせん》なんてこともあるようだ。ほとんどのゼミが少人数で行われるので、先生やほかの学生とも仲よくなれるよ。

実習は4年生でも行う学校もある。また、保育士資格や幼稚園《ようちえん》教諭《きょうゆ》免許状《めんきょじょう》の取得に必要な科目の授業があったり、おのおの卒業論文のテーマを見つけてリサーチしたり、資料を探したりして書き上げるなど、4年生でもかなり忙《いそが》しい。

一方でこの学科では、ピアノの授業や体育、身体表現（ダンスやパフォーマンス）、演劇、造形など美術の授業があるのも特徴的《とくちょうてき》だ。学生のなかにはピアノなんてさわったことがない、楽譜《がくふ》が読めない、体育やダンス、美術が苦手という人が案外多いが、これらの科目は高校時代の勉強とはまったく異なる。体育は自分自身がスポーツをするのではなく、園児が体を動かして運動することが基本なので、かけっこや木登りなど遊びの要素が強い。ピアノも卒業するまでにはみんな弾《ひ》けるようになっているから、心配しなくてもいいよ。

Q6 子ども支援系学科では何を学びますか？

多様な子どもの支援《しえん》に対応する

すべての子どもが「心身ともに健康である」ことは望ましい。でも現実は、支援《しえん》の必要な子どもは存在する。

子ども支援《しえん》系の学科では、支援《しえん》を必要とする子どもたちに的確に対応できる保育専門職としての知識と、さまざまな対処方法や技術を学ぶんだ。したがってこの学科でも、子ども学・幼児教育学・保育学系と同様に「子ども学概論《がいろん》」「保育原理」「教育課程論」「保育内容（健康）」「保育内容（言葉）」など、保育士資格と幼稚園《ようちえん》教諭《きょうゆ》免許状《めんきょじょう》の取得をするために必要な、専門科目の授業を受ける。

1年生では、外国語などの一般《いっぱん》教養科目と保育や教育の基礎的《きそてき》な科目、子ども学の総合的な科目を学ぶよ。2年生からは、障がいのある子どもたちや病気などで入院している病児についてなど、子ども支援《しえん》の専門科目の授業が始まるんだ。

特別な支援《しえん》が必要な子どもたちの保育

子ども支援《しえん》系の学科では所定の科目を履修《りしゅう》すると、知的障がい・肢体《したい》不自由・病弱の子どもたちを受け入れている特別支援《しえん》学校の教諭免許状《きょうゆめんきょじょう》が取得できる。授業では視覚障がいや聴覚《ちょうかく》障がいのほか、知的発達は通常だが認知能力にばらつきがあるLD（学習障がい）、多動性・衝動性《しょうどう》などの行動特性があるADHD（注意欠陥《けつじょ》・多動性障がい）などの子どもへの指導・支援《しえん》方法なども学ぶ。2年生以降に授業を受ける専門教科としては、「肢体《したい》不自由児教育総論」「知的障がい児指導法」「重複障がい・LD等教育総論」などがある。科目のひとつ「肢体《したい》不自由児教育法」では、肢体《したい》が不自由な子どもに寄り添《そ》った教育や保育を行うために、肢体《したい》不自由の状態・特徴《とくちょう》や発達に応じた指導法などを学ぶんだ。また、特別支援《しえん》学校で利用されている教材などに関しても、実際にさわったり使ったりして知識を深めるんだよ。

幼児期の子どものなかにも、LDやADHDで支援《しえん》の必要な子どもは一定数いる。現場でも配慮《はいりょ》が必要だったり、気になったりする子どもは増えているという。現状としては特別支援《しえん》学校の幼稚園《ようちえん》は、全国的に見てもあまり普及《ふきゅう》はしていない。通常の保育園・幼稚《ようち》園《えん》でも、支援《しえん》の必要な子どもたちに対応できる保育士や幼稚園教諭《ようちえんきょうゆ》のニーズは、今後も増えていくと予想できる。

医療《いりょう》の現場で必要とされる保育士の健康保育・医療《いりょう》保育の授業

医療《いりょう》現場にも保育士がいるのを知っているかな？ **病院などに勤務している医療《いりょう》（病棟《びょうとう》）保育士だ。** 入院している子どもたちにとって医療《いりょう》保育士は、痛いことや嫌《いや》なことは絶対にしない人と、心の寄りどころになる存在だ。病児のようすや心の状態を観察して話し相手になったり、身体の状態を見て遊びの援助《えんじょ》をしたり、勉強を教えたりもする。

一方、自宅で看病ができない親が病児を預ける施設《しせつ》で働くのは、病児病後児保育に従事する保育士だ。医療《いりょう》保育士も病児保育士も、基本的には保育士なので、大学では保育士資格を取得するための所定のカリキュラムを履修《りしゅう》する。専門科目には「健康保育（保育現場での子どもの病気）」「健康保育（病児・病後児保育）」などがあり、「健康保育（医療《いりょう》保育特論）」では、医療《いりょう》を必要としている病気の子どもの保育について知識を得る。

また、小児医療《いりょう》の知識を小児科の医師から直接学んだり、学校内にあるクリニックの医師が診療《しんりょう》している時に学生たちが同席し、診察《しんさつ》のようすを見学したりして、医療的《いりょうてき》観点をしっかりと押《お》さえる。ほかにも地域の医療《いりょう》現場で、病児保育を学んだりする。

実習は、保育士資格や幼稚園教諭免許状《ようちえんきょうゆめんきょじょう》の取得に必要な通常の保育園、幼稚園《ようちえん》、児童福祉《ふくし》施設《しせつ》に行く。加えて健康保健実習がある。保育士が病棟《びょうとう》で病児を保育している医療《いりょう》機関（保育室、病棟《びょうとう》、クリニックなど）を訪れ、参加学習をする機会もある。

多様な子どもがいっしょに学ぶインクルーシブ保育

インクルーシブ（inclusive）とは辞書によると、「包括的《ほうかつてき》」という意味だ。「インクルーシブ保育（教育）」の場合は「排除《はいじょ》しない」とか「仲間外れにしない」といったほうがより近い訳だと思う。子ども学の中の「インクルーシブ保育」では、障がい児保育の歴史や制度、障がいに合わせた支援《しえん》を学習する。また、心理学、臨床《りんしょう》学などの専門分野の観点からも多角的に学ぶ。保育園・幼稚園《ようちえん》には性別も違《ちが》えば、国籍《こくせき》もさまざま、障がいのある子もいれば、身体の発達が遅《おく》れている子もいる。障がいがあろうがなかろうが、日本人であろうがなかろうが、多様な子どもたちが同じ場所でいっしょに学んだり、保育を受けたりすることはあたりまえ。さらに、子どもたち個別のニーズに必要な支援《しえん》や援助《えんじょ》をすることが、「インクルーシブ保育」なんだよ。

支援《しえん》を必要とする子どもに寄り添《そ》う保育を学ぶ

Q7 子ども社会福祉系学科では何を学びますか？

保育者は教育学・保育学＋社会福祉《ふくし》学が必要

子ども社会福祉《ふくし》系の学科は、社会福祉《ふくし》学部や保健医療《いりょう》福祉《ふくし》学部のほか、人間科学部などにもある。また、社会福祉《ふくし》子ども学科、児童福祉《ふくし》学科といった学科で、子ども学と社会福祉《ふくし》学が関連した学問を修めることができる。

今、日本では子どもが成育する環境《かんきょう》が変化している。そのひとつとして子どもの貧困率の問題があるだろう。子どもの貧困率はすでに、1980年代から上昇傾向《じょうしょうけいこう》にあったという。2023年の子どもの相対的貧困率は、11・5％。40人のクラスだったら4人の子どもが貧困となる。また親が養育を怠《おこた》ったネグレクトや、幼児・児童虐待《ぎゃくたい》などが大きな問題となり、時にはテレビや新聞を騒《さわ》がせている。

保育者も、こうした困難をもつ子どもに向かい合う可能性は十分あるだろう。教育学・保育学に加えて、福祉《ふくし》関係の知見を備える人材は今後、必要とされると思うよ。

子どもと家庭の支援《しえん》に関して学ぶ

子ども社会福祉《ふくし》系のベースは、社会福祉《ふくし》学と子ども学である。社会福祉《ふくし》学は、「社会福祉《ふくし》学概論《がいろん》」「社会保障論」「保健医療《いりょう》」などの科目を学ぶ。また「児童・家庭福祉《ふくし》論」などでは、子どもの虐待《ぎゃくたい》・貧困・発達障がい・非行を取り上げており、困難や問題をかかえる子どもたちと家庭への支援《しえん》に関して学ぶ。社会福祉《ふくし》学の基礎《きそ》となる学問を履修《りしゅう》するんだよ。2年生以降から、「医療福祉《いりょうふくし》論」やソーシャルワークの理論と方法や実習、社会福祉《ふくし》の制度や福祉実践《ふくしじっせん》を学ぶ。

「子ども学」では、乳幼児から児童期を経て青年期までの発達を学ぶ。また、家庭環境《かんきょう》ごとの子育て支援《しえん》に関する具体的な方法を学び、子育てに関する課題の解決方法なども考察する。幼稚園教諭免許状《ようちえんきょうゆめんきょじょう》と保育士資格の取得ができる科目の授業も開講しており、社会福祉《ふくし》学の学びと並行《へいこう》しながらこちらの履修《りしゅう》も行う。

もちろん、保育実習や教育実習（幼稚園《ようちえん》）、児童養護施設《しせつ》などの実習も行われ、実際の現場でさまざまな体験をしながら実践力《じっせんりょく》なども身につけるんだ。この学科で学んだ人は保育士・幼稚園教諭《ようちえんきょうゆ》はもちろん、家庭裁判所や児童相談所での子どもの支援《しえん》や、子どもに限らず高齢《こうれい》者や障がい者の相談・生活支援《しえん》などでも活躍《かつやく》しているよ。

社会福祉《ふくし》学から行う子ども支援

Q6で紹介《しょうかい》している「子ども支援《しえん》系学科」は、保育士・幼稚園教諭《ようちえんきょうゆ》になるための子ども学に立脚《りっきゃく》したカリキュラムを学びながら、**さらに障がいのある子どもや病気の子どもたちに医療《いりょう》分野での対応ができる知識と技術を学んでいる。**

少し混乱するけれど、社会福祉《ふくし》学からアプローチする「子ども支援《しえん》学科」は、社会福祉《ふくし》学・子ども家庭福祉《ふくし》学をコアに、保育学・幼児教育学を並行《へいこう》して学ぶ。社会福祉《ふくし》学や子ども家庭福祉《ふくし》学は、問題のある家庭や子どもと保護者の関係、地域社会など、子どもを取り巻くさまざまな問題や課題を学ぶ。そして、その対処や支援《しえん》をする方法や力を養うんだ。

学校では教養科目や「子ども支援《しえん》学概論《がいろん》・演習」「子どもソーシャルワーク」「子育て支《し》援実践《えんじっせん》」「子ども支援《しえん》」「保護者支援《しえん》」など、「支援《しえん》」に関するさまざまな科目や、社会福《ふく》祉《し》士国家試験受験資格、保育士資格、幼稚園教諭免許状《ようちえんきょうゆめんきょじょう》など各種資格を取得するためのカリキュラムを組んでいるよ。もちろん、乳児院、児童養護施設《しせつ》、幼稚園《ようちえん》や保育園の実習もあって、座学で身につけた知識を子どもたちに向かって実践《じっせん》をするんだ。

こうした学科では子育て家庭との交流を通して、地域社会に貢献《こうけん》する取り組みも積極的に行う。近隣《きんりん》の子育てをしている人たちに声がけをして、保護者の交流の場や子どもたちの遊び場を提供する活動などもしている。また、放課後の小学生を対象に学習支援《しえん》、相談支援《しえん》や、いっしょに遊んであげたりする活動をしているところもあるよ。もちろんその企《き》画《かく》も実施《じっし》も学生が行うんだよ。

家族支援《しえん》学科・地域支援《しえん》学科

家族支援《しえん》学科・地域支援《しえん》学科も社会福祉《ふくし》学の領域だ。**子どもを取り巻く環境《かんきょう》、家族、地域など困難な社会問題などの理解をまず深める。その上で家族など子どもの周囲にいる人たちに、専門性の高い支援《しえん》ができる力を身につけるんだ。**

地域支援《しえん》では、子どもたちの生活する地域社会のようすや、問題・課題とすることに対して観察・考察するよ。履修《りしゅう》科目も子ども学では、「現代家族論」「地域まちづくり論」などがある。また、専門科目では、「社会福祉《ふくし》」「人間関係とコミュニケーション」「手話・点字」、「生活支援《しえん》技術」「ソーシャルワーク理論から実習まで」や「介護《かいご》の基本」「医《い》療的《りょうてき》ケア」までと、多彩《たさい》な学びができる大学もある。

Q8 子ども心理系学科では何を学びますか？

心理学を学んで子どもたちの気持ちに寄り添《そ》う

子ども心理学は、子どもの心を深く知り、理解する学問。保育園や幼稚園《ようちえん》で毎日を過ごしている子どもたちの心に寄り添《そ》い、その思いを理解するために、心理学を学ぶことは意義があるんだ。**心理学を学び、子どもたちの中で生じた問題に関して、心理的な援助《えんじょ》や支《し》援《えん》ができる方法や技術を習得する。**また、対象は子どもだけではなく、生きづらさを感じていたり、他人との関係がうまく構築できなかったりするなど、問題をかかえている子どもの家族への心理支援《しえん》も含《ふく》まれるよ。

心理学の領域はたくさんあるが、「発達心理学」「臨床《りんしょう》心理学」「社会心理学」「認知心理学」は幼児教育にかかわりがある。なかでも発達心理学は子育ての心理学といわれる。また、臨床《りんしょう》心理学はカウンセリングの心理学、社会心理学はコミュニケーションの心理学で、この3領域は子ども心理学には関係の深い領域だよ。

子ども心理学を学んで子どもの心を知る保育者に

カリキュラムは、1年生でほかの学科と同様、一般《いっぱん》教養として外国語や情報処理、情報リテラシー、生物学の基礎《きそ》、化学の基礎《きそ》などを学ぶ。また、保育士資格、幼稚園《ようちえん》教諭《きょうゆ》免《めん》許状《きょじょう》、認定心理士といった資格に必要な科目は取りこぼしなく履修《りしゅう》する。1年生ではカウンセリングの心理学「臨床《りんしょう》心理学概論《がいろん》」の履修《りしゅう》がある。人びとの悩《なや》みや困難に対して心理学的な観点から理解し、援助《えんじょ》するという、臨床《りんしょう》心理学の成り立ちや理論、臨床《りんしょう》心理学が果たす役割や心理療法《りょうほう》の技法などを学ぶよ。

専門科目には、「発達心理学」「教育学校心理学」「心理面接法」「知覚・認知心理学」「学習・言語心理学」などがあり、1年生から3年生で選択《せんたく》して履修《りしゅう》することになる。

また、「心理学実験」という授業では、基礎的《きそてき》な心理学実験や心理学的なデータ収集に取り組む。グループワークで実際に自分が実験者と被験《ひけん》者を体験して、データに基づいて客観的・科学的に考えるスキルを身につけるよ。ほかにも「家族臨床《りんしょう》」「コミュニケーション」「ジェンダーの心理学」などもある。ジェンダーは多様性を考えるもので、従来の性別や思い込《こ》みを見直し、セクシュアルマイノリティーについての理解を深めるんだ。

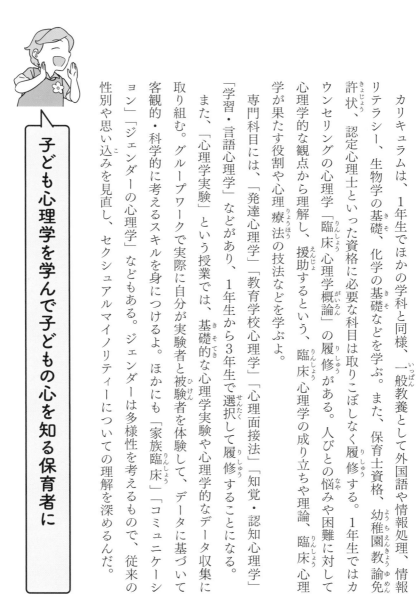

Q9 子ども・児童文化系学科では何を学びますか？

「遊び」と「文化」のエキスパートに

文化は幼児教育において重要な要素のひとつだ。乳児・児童期を中心に、児童文化・児童文学が子どもにどのように影響《えいきょう》を与《あた》え、子どもの発達に働きかけていくのかを保育・教育の見地から総合的に学ぶ。履修《りしゅう》対象となる科目の一部を紹介《しょうかい》すると、「児童文化概《がい》論《ろん》」「伝承遊び」「児童文学」「マンガ・アニメ論」「玩具《がんぐ》・遊具」「造形ワークショップ」「児童文化実践《じっせん》演習」「レクリエーション基礎《きそ》演習」などがあり、理論と主に実践《じっせん》の両面からアプローチして学んでいくんだ。また、アクティブ・ラーニング、プロジェクト学習などを通じて、クリエーティブな人材となることもめざすよ。

保育士や幼稚園教諭《ようちえんきょうゆ》の資格・免許《めんきょ》を取得する授業も、1年生から受けられる学校もあり、2年生から4年生まで、幼稚園《ようちえん》実習、児童館実習、保育実習（施設《しせつ》）や保育実習（保育園）も行う。3年生からはゼミに入り、4年生で卒論を執筆《しっぴつ》するのは他学科と同じだ。

臨床《りんしょう》美術・リトミックで子どもの表現活動を

本来なら子ども支援《しえん》系学科にも含《ふく》まれるのだけど、子どもの芸術・文化系の学びとして、「臨床《りんしょう》美術」「リトミック」に関してここで紹介《しょうかい》する。

臨床《りんしょう》美術は子どもが創作作業に没頭《ぼっとう》できる環境《かんきょう》を整え、彼《かれ》らの興味や関心を気持ちのおもむくままに表現させ、内にある力を引き出してあげるんだ。また、障がいがあったり協調性に欠けたりするなど、支援《しえん》が必要な子どものなかには、表現力に長《た》けていてすばらしいアートを生み出す子どもがたくさんいるんだ。芸術療法《りょうほう》、発達支援《しえん》としての臨床《りんしょう》美術を学び、保育にも活用するよ。

「音楽を手段として、個々の知的能力と肉体的能力の調和を図る」とは、リトミックを提唱したダルクローズの言葉。リトミックの理論と実践《じっせん》を学び、音楽が子どもの身体的、感覚的、知的な力を伸《の》ばし、感性や表現力を育むことを理解する。また、実際に保育の現場で実践《じっせん》する際のスキルも身につけるんだよ。

遊びや芸術を通して本来もっている力を引き出す

Q10 子ども教育学科・教育学科では何を学びますか？

子どもを取り巻く課題を理解する

子ども教育学科・教育学科は、各大学により研究対象・カリキュラムなどが異なる。でも、少子化や現代の子どもを取り巻く環境《かんきょう》（家庭・地域）の変化、グローバル化による文化的多様性やインクルーシブ教育、共生社会（障がいの有無に関係なく、具体的に接しかかわり合う中ですべての人の尊厳が守られる社会）の形成などの課題に対応する学習を行うことは共通している。

また、大学によっては、乳幼児教育学に関する学問と学校教育学に関する学問の二つのコースに分かれていて、どちらか一方を選択《せんたく》するところもあるよ。

乳幼児教育学は、「保育原理」「乳幼児教育課程論」「保育内容研究」「幼児心理学」などを学ぶ。所定の科目の履修《りしゅう》と保育実習などの各種実習をして、幼稚園教諭《ようちえんきょうゆ》の免許状《めんきょじょう》や保育士の資格を取得する。

学校教育の過渡期《かとき》

子ども教育学科・教育学科では、小学校・中学校・特別支援《しえん》学校の教員の免許状《めんきょじょう》の取得ができるんだ。だから、授業も保育や幼児教育の分野とはまた異なった、学問の領域を学ぶことになる。この学科では、教育の思想や制度、現代の学校教育での問題・課題の対処法などを扱《あつか》う「教育学」の基礎《きそ》を学ぶ。また、「教育原理」では、教育の目的とは、教育をより専門的に学ぶための基礎固《きそがた》めとして、教育にかかわる思想・歴史・法律などを学ぶ。ほかにも、国語や算数、理科といった各教科の実際の授業で役立つ「教育内容・指導論」や「特別支援《しえん》教育学」、インクルーシブ教育に必要な知識として「障がい児支援《しえん》学」の領域などを履修《りしゅう》する。

学校教育の現場ではＩＣＴ（情報通信技術）が普及《ふきゅう》し、授業で活用されるようになった。学校教育は今、変化を遂《と》げており、従来の各教科の指導方法とＩＣＴを導入した授業の進め方のあり方など課題も考察していくんだよ。

ICTの活用で教育方法も変わっていく

Q11 子ども学部と結びつきやすい学問ジャンルはなんですか？

いろいろな分野の心理学

学際的という言葉を最近、よく聞かないかな？　もう知っているかもしれないけれど、学際的とは、学問の分野や領域を横断的に幅広《はばひろ》く学ぶことをいうんだ。子ども学もまさに、自然科学から人文科学までをカバーしている学際的な学びなんだよ。

子ども学に結びつきの強い学問分野のひとつに「心理学」がある。**心理学のなかでも特に関係あるのが「発達心理学」だ。**幼児期・成人期・老年期など、各年齢《ねんれい》段階で研究対象は分かれている。子ども学での主な研究対象は幼児期になるけれど、この年齢《ねんれい》段階は成長がもっとも大きい時期でもあるんだ。心の発達過程の解明をする学問だ。ほかにも「臨床《りんしょう》心理学」は心の病など心のケアを学ぶ。教育問題を心理学的な側面から追究する「教育心理学」。大学によっては、「保育心理学」「発達と教育の心理学」「子育て支援《しえん》の心理学」などの授業を行っているところもあるよ。

保健、医学、福祉《ふくし》の分野の学び

「保健学」も研究対象は子どもから大人まで広い。子どもが研究対象の場合は個々の健全な発達や発育、健康状態を観察する方法などを学習する。保育現場では必要な知識ばかりだ。感染症《しょう》から子どもを守るなどは、予防医学とも関連があるんだよ。

医療《いりょう》を必要として入院している子どもたちにも、保育の機会は必要だ。病院内にいる保育士は注射をしたり、苦い薬も飲ませたりしないので、唯一《ゆいいつ》病児たちが心を許せる存在となる。患者《かんじゃ》と医療《いりょう》者のパイプ役となったり、医師や看護師との連携《れんけい》が重要な仕事でもあり、医学（医療《いりょう》）の知識も必要となるよ。

子どもは本来、平等に幸せになる権利があるけれど、それからこぼれてしまう子どももいる。そうした子どもたちをどう救ったらいいかは、社会福祉士《ふくしし》の仕事となる。だから「教育福祉学《ふくし》」や「児童・家庭福祉学《ふくし》」の学びも関係あるよ。

心理、保健、医学、福祉《ふくし》などとつながりが深い

「子ども学」とは幅広い視点で子どもと人を理解する学問

教員インタビュー 1

白梅学園大学《しらうめがくえんだいがく》
子ども学部子ども学科 教授
仲本美央《なかもとみお》さん

専門は保育学。保育現場での絵本や物語を読み合う活動、保育者研修プログラムの開発、インクルーシブ保育に関連する研究に取り組んでいる。

取材先提供

子どもと地域の新しい文化創造をめざす

白梅学園大学の子ども学科で追究している「子ども学」とは、幅広《はばひろ》い視点で子どもと人間を理解していくための学問です。保育や教育だけでなく、心理、保健、福祉《ふくし》、文化、地域とのかかわりまで複合的に理解を深めていきます。

時代が変わり、子どもをめぐる環境《かんきょう》も複雑化する中で、「子どもの幸せとは？」「私たちが生活を営む地域とは？」を探究します。子どもと地域の新しい文化創造へと広げていくことが、「子ども学」のめざすところとなっています。

また、この学問は机上の学びだけではなく、実学的な現場での体験を通して、子どもが成長・発達していく営みを目のあたりにしながら、学ぶことができます。子どもたちの伸《の》びゆく力を感じながらの学びは格別です。子どもが自分の力で何かを成し遂《と》げたり、たとえうまくいかなくても、今度はできるかもしれないと取り組んだりする姿は、可能性に満ちあふれているからです。

白梅学園大学の学生たちは、子どもたちが主体的に伸《の》びていく姿に共感や感銘《かんめい》をして、さらにはその支えになりたいと、自分の力を懸命《けんめい》に発揮しようと努力します。つまり「子ども学」は、人と人とのつながりから学びが生まれ、そこからたがいが成長できることに喜びを感じる学問でもあるのです。それがこの学問の大きな魅力《みりょく》だと考えています。

その学びの過程を通して、日常から人を大切にする心、いわゆる人間への尊厳をあたりまえのように考える力が養われていきます。

絵本の世界を体感するゼミ活動

私の専門は、保育学です。主に子どもの言葉に関する領域の授業を担当しています。保育の現場や家庭、地域社会でどのように絵本を活用すれば「子どもの育ち」によい影響《えいきょう》を与《あた》えられるのか、が研究のテーマです。

また、保育者の専門性についても取り組んでいます。たとえば、保育者の研修プログラムの開発や、インクルーシブ保育（包括的《ほうかつてき》保育）、医療的《いりょうてき》ケア児（日常的な医療《いりょう》ケアが必要な子ども）の保育、といったことです。あらゆる領域に着目しながら、保育現場の保育者や保育学領域の研究者と共同して、研究に取り組んでいます。

ゼミ活動では、学生たちとともに子どもの言葉の領域について研究しています。また、地域の子ども向けに、「絵本の世界を体感するワークショップ」を企画《きかく》し、開催《かいさい》するような活動もしています。具体的には、学生が絵本を地域の子どもたちと読みあって、その絵本の世界を身体や造形、音楽、言語などの表現遊びの活動を通して体感するワークショップです。

今年はゼミの学生が、地域自治体の子ども育成事業として、絵本作家のはたこうしろうさんとの共同企画《きかく》で絵本『こんにちは！　わたしのえ』の世界を体感するというワークショップを開催《かいさい》しました。今後は、地域の図書館や学童保育との共同企画《きかく》や、他県にある保育園との共同企画《きかく》で、絵本のワークショップを開催《かいさい》する予定があります。

白梅学園大学の学生たちはいつも前向きで、妥協《だきょう》知らず。話し合いや準備を積み重ねながら、「子どもたちに絵本と遊びの幸せな時間を提供したい」と、熱心に取り組んでいます。

大学生は自立した大人です。なのでゼミは、彼《かれ》らが学びたいことを実現する場と考えています。私は彼《かれ》らの後ろで見守り寄り添《そ》いながら、助言役を務めるように心がけています。

大学で身につけてほしいこと

学生たちは大学での学びを通して、子どもの声に対して常に耳を傾《かたむ》け、その状況《じょうきょう》に対して身をもって向き合い、何ができるのかという問いをもち続けるマインドをもって卒業していきます。その問いの答えのいく先に、人それぞれのウェルビーイング（幸せ）を見出そうとしているのです。

このマインドは、子どもに関連する職業選《せん》択《たく》をしなくても、必ず社会にとってのかけがえのない力となると思います。

実社会では、きれいごとや簡単なことではすまされない困難や課題に直面すると思います。そんな時は、大学時代に仲間とともに培《つちか》った学びの姿勢のように、人と話し合い、問題解決していく過程を社会で活かしてほしいと考えています。

さらにはその中核《ちゅうかく》に、人にとっても自分自身にとっても、幸せを見出す視点を失うことなく、みずからの力を発揮してほしいと思っています。そして社会のあらゆる現場で、白梅の卒業生の力を信じ伸《の》ばす機会が与《あた》えられることを願っています。

この学問をめざす中高生へ

中学・高校時代にはまず、人に関心をもって、他人事ではないと感じる力を養ってください。それは、子ども相手のボランティアなどをすると、培《つちか》うことができる力だと思います。

人に向き合うという保育学・幼児教育学をめざす人にとって大切なのは、社会を俯瞰《ふかん》して見つめ、子どもや子どもを取り巻くさまざまなできごとや情報を、常日頃《つねひごろ》からキャッチすることです。

ですから、新聞や関連する文献《ぶんけん》を読むこともいいでしょう。そこから、疑問に思ったことや考えたことを、家族や友だちなどと話してみてください。それが大学入学後の探究心へとつながっていきます。

中学生や高校生で保育学・幼児教育学に進みたいと考えている読者のみなさんには、何事も自分事として考え、人とともに共有する力を育んでほしいと願っています。

すべての子どもの可能性を広げる保育者を養成

教員インタビュー 2

東京家政大学《とうきょうかせいだいがく》
子ども支援《しえん》学部子ども支援学科　教授
保坂《ほさか》　遊《ゆう》さん

造形表現、臨床《りんしょう》美術「美術と人（子ども）のかかわり」を研究テーマとして、社会に貢献《こうけん》する臨床《りんしょう》美術の実践《じっせん》に取り組む。「子どもと表現」「子どもの造形Ⅰ、Ⅱ」「保育内容『表現』の指導法」「子ども芸術・文化」などが担当科目。

支援《しえん》を必要とする子どもたちのために

子ども学部（現・子ども支援《しえん》学部）子ども支援《しえん》学科は、２０１４年に開設した学部です。当時は保育の現場で、さまざまな支援《しえん》を必要とする子どもへの対応が課題とされていました。そうした子どもたちのために、専門的な学びを得た保育者が必要だと、この学部が設置されました。その時の教育目標「多様な支《し》援《えん》を必要とする子どもを含《ふく》む、すべての子どもの可能性を広げていける保育者の養成」に学部のポリシーが示されています。

子ども支援《しえん》学部は「子ども学」に準拠《じゅんきょ》したカリキュラムが組まれており、卒業すると「子ども学」の学位が取得できます。また、幼稚園《ようちえん》教諭《きょうゆ》一種免許状《めんきょじょう》と保育士資格の取得が、二つの基本柱になっています。

3領域の学びで多様な子どもに向き合う

この学科では、通常のカリキュラムでは拾い切れない3領域もカバーしていきます。3領域とは「特別支援《しえん》」「健康保育」「子ども芸術・文化」です。その中で中心的なものが「特別支援《しえん》」の専門的な学びで、特別支援《しえん》学校教諭《きょうゆ》一種免許状《めんきょじょう》が取得できます。授業では、特別支援《しえん》が必要な子どもの心理、障がいのある子どもへの教育・指導などを理論と実技で学びます。

二つ目の領域は「健康保育」です。医療《いりょう》的《てき》な観点を学んで、病院の中で保育を行う医《い》療《りょう》に強い保育者を養成します。教員には、大学内の病院で発達障がいとアレルギーを専門とする医師が2人います。診療日《しんりょうび》には学生が医師の診察《しんさつ》を見学します。病児保育についても、地域の医療《いりょう》の現場に行って学びます。

三つ目の領域は「子ども芸術・文化」です。表現3領域（音楽表現・造形表現・身体表現）は保育者養成では必修ですが、さらに芸術・文化科目をつくって、臨床《りんしょう》美術士5級の受験資格を取れるようにしています。また、音楽では子どものさまざまな可能性を引き出すリトミック免許《めんきょ》も取得できます。

アートで心理的支援《しえん》

私の専門は美術で、「美術と人と社会の関係性」を大きなテーマにしています。臨床《りんしょう》美術士という資格をもって活動をしていますが、さまざまな背景をかかえた人たちに対して、「美術を活用していきいきと自分らしく生きていけるようにするには、どうしたらよいか」ということを研究しています。

以前は認知症《しょう》高齢《こうれい》者が研究の対象でしたが、今は子どもの研究が中心です。支援《しえん》が必要な子どものなかには、絵が好きな子どもがたくさんいるんです。社会的に協調性がないなどといわれる障がいをもった子どもも、表現に長《た》けている場合が多いのです。

一方で、児童養護施設《しせつ》に入所する子どもの約6割が、虐待《ぎゃくたい》を受けた疑いのあるお子さんです。彼《かれ》らはいろいろなトラウマをかかえている場合が多く、心理的支援《しえん》の必要性が高まっています。児童養護施設《しせつ》でアートを行った子どもと行わない子どもを比較《ひかく》すると、前者は攻撃《こうげき》性が減るという結果が出ました。友だちに手を上げたりせずに精神的な落ち着きを見せたり、内向的・自閉的だった子どもが外に積極的に出ていくようになる、などの効果も現れました。

問題をマクロとミクロで観察すること

学生には大学で、現代社会のさまざまな問題に、広く視野を向けることを学んでもらいたいです。マクロ的な視点と、一人の子どもと向き合うミクロ的な視点の両方を、自分の中にもってほしいと考えています

たとえば今、日本の社会は深刻な少子化が進んでいます。そうした中で、保育の重要性に関して絶えず主観的・客観的な見方をしながら、保育者として歩んでいければいいと思っています。

また、子ども支援《しえん》学部は、支援《しえん》を必要とする子どもを含《ふく》む「すべての子ども」をキーワードにしています。一人ひとりの子どもたちを人間として尊重できる、そういうマインドを培《つちか》ってほしいとも思っています。自己肯《こう》

定《てい》ができないと他者受容はできません。なので、まずは自分に自信をもつために、「これでいいんだな」とか「がんばったな」というものを4年間でつくりましょう。

子どもたちのもつ可能性

教育の魅力《みりょく》は未知の可能性がたくさんある、子どものすばらしさにふれられることだと思います。それと同時に、保育者が一人ひとりの子どもたちの可能性をきちんと見つけてあげる、認めてあげる。そこからどう伸《の》ばすかは、保育者がよい環境《かんきょう》をどうやって設定してあげるか、ということだと思います。子どもの育ちを支える能力を引き出すことは、試行錯誤《しこうさくご》が必要な半面、やりがいにもなってくると思います。

子どもたちは次世代を担う人になるので、保育は未来をつくる、底知れぬ魅力《みりょく》がある仕事だと思っています。

今は「少子化」がとても大きなキーワードになってきます。人口が多いといわれる東京《とうきょう》都ですら、100人中、1人も赤ちゃんがいないという時代です。だから、どんな子どもでも一人ひとりの個性やよいところを引き出しながら育てていく。つまり、社会全体で育てていくべきだと思っています。

学生にはそこまで見越《みこ》して、そして現状をしっかりと見定めて、自分がどういう保育をしていきたいのかを、在学中からきちんと気づいて力をつけて卒業してほしいですね。

子どもたちを育てることは、20年、30年先の国や地球を育てているということです。そうした現状も理解した上で、学んでもらいたいと思います。

3章

子ども学部のキャンパスライフを教えてください

Q12 子ども学部ならではの授業はありますか？

ピアノの授業はマスト

「子ども学部ならでは」の授業として、真っ先に思い浮《う》かべるのはピアノの授業だ。幼稚《ようち》園《えん》の先生も保育園の先生も、ピアノの演奏ができることは必須《ひっす》なんだ。だからといって、新入生の学生がみんな上手にピアノを弾《ひ》けるか、というとそうでもないんだ。むしろピアノがそれほど弾《ひ》けない学生や、なかには譜面《ふめん》も読めない人もいる。上手に弾《ひ》けるほうが少数派と思ってもよい。自分はピアノが弾《ひ》けないからといって受験を躊躇《ちゅうちょ》する必要はないし、入学してからコンプレックスをもつ必要もないよ。

入学後の授業では、初心者には先生がピアノのレッスンや楽譜《がくふ》の読み方もしっかり指導してくれる。また、学校にはピアノが何台も設置されていて、いつでも練習できるようになっているし、ピアノ練習用の個室もあるんだよ。夏休みなどには先生が特別に指導をする補講をしている学校もあるんだ。やる気さえあればピアノの腕《うで》は必ず上達する。

体験する学び、幼稚園《ようちえん》・保育園・施設《しせつ》での実習

大学を飛び出して学ぶ実習もあるよ。通常2年生から4年生までの間に行われ、基本的に保育園と幼稚園《ようちえん》が2回ずつ、社会福祉《ふくし》関連の施設《しせつ》（乳児院、児童養護施設《しせつ》、母子生活支援施設《しえんしせつ》、障がい者支援施設《しえんしせつ》など）は1回行くんだ。期間は12日から2週間程度。実習先は基本的に大学が用意したリストの中から選ぶことになる。なかには地元の自分が卒園した幼稚園《ようちえん》や保育園を希望して、実習に行くこともある。

最初はみんな不安で、実習先に行くまではめちゃくちゃ緊張《きんちょう》するらしい。でも、実際に始まると子どもから近づいてきてくれたり、仲間として受け入れてくれたりするよ。また、現役の保育者が行う子どもへの声かけを見たり、保育の仕事の考え方などを聞いたりすることもできる。慣れてくるとその園の特徴《とくちょう》やカラーも見えてくる。それを踏《ふ》まえて、自分はどういう保育をしたいかが、おぼろげながらわかってくるというよ。幼稚園《ようちえん》は教育をするところ、保育園は保育をするところという違《ちが》いも肌《はだ》で感じられる。

福祉《ふくし》関連の施設《しせつ》の実習先は学生がみずから選択《せんたく》することが多い。子どもだけではなく大人の障がい者支援施設《しえんしせつ》も選択肢《せんたくし》のひとつとなる。大人の障がい者支援施設《しえんしせつ》でのコミュニケーションの取り方は、子どもとの接し方にも通じることがあって勉強になるそうだ。

寝泊《ねと》まりをして実習をすることもある。児童養護施設《しせつ》では入所者は平日、学校に行っているため彼《かれ》らが帰ってきてからが実習となる。夕方以降と朝が実習だ。宿題を見てあげたり、いっしょに掃除《そうじ》をしたり洗濯《せんたく》をしたりする。施設《しせつ》は彼らにとって家として生活する場なんだ。児童養護施設《しせつ》は、親がいなくて入所する子どもは少なく、虐待《ぎゃくたい》や育児放棄《ほうき》が原因で入所してくる子どもが多いそうだ。

どの福祉《ふくし》関連の施設《しせつ》も、学生たちは実習に行く前のイメージと実際に行ってからのイメージは、がらりと変わるという。障がい者、子どもというのではなく、一人の人間として向き合うことができるようになるからだ。

ダンス・演劇・造形（アート）の授業

子どもの表現と心と体の発達を理解するとともに、さらに彼《かれ》らの豊かな表現力を引き出す指導方法を学ぶ。子どもの頃《ころ》から表現力を培《つちか》うと、コミュニケーション能力が高くなるなど、成長してからメリットとなることが多い。

ダンス・演劇・造形の授業では、学生たちも感性の豊かさ、創造する力を養う。また、相手に自分の感情や考えを伝える表現力や、協力して物事をやり遂《と》げる力を養うことを目的としている。表現力をみがくためのひとつの方法であるダンスは、ロックやサンバなど

ピアノ・ダンス・演劇・造形など楽しい授業が多いよ

の音楽に振《ふ》りつけをして踊《おど》るリズムダンスや、音楽を自由に選び自分たちで振《ふ》りつけをして踊《おど》る創作ダンスがある。グループに分かれて話し合いながら、表現することの楽しさを伝え、子どもとともに実践《じっせん》できる身体表現を創造していくんだ。

演劇の授業がある学校も多いよ。朗読《ろうどく》劇や、自分たちで簡単なストーリーを考えてシナリオを書き演劇をつくるんだ。保育者自身が、演劇の表現を身につけていると、子どもたちに対してできることも増えるという。たとえば、子どもたちが「ごっこ」遊びをしている時など、演劇のスキルを活かして保育者が、子どもたちの遊びを先導していくことなどができる。

造形表現は保育士実技試験のひとつでもある。授業はたとえていうなら図工。作品制作をすることで表現する楽しさを知り、創造力を養うんだ。また、保育者に必要な理論・技法の習得や、子どもたちの発達段階に応じた絵画の制作・造形表現の変化と特徴《とくちょう》などを学習する。さらに、子どもたちが行う造形に対しての援助《えんじょ》方法を学ぶよ。この授業は学生たちも楽しいと結構人気があるらしいよ。

Q13 子ども学部ならではの授業外活動はありますか？

保育園・幼稚園《ようちえん》などのボランティアで現場にふれる

学生のなかには、中学生の頃《ころ》からボランティアをしているという人も！　高校生の時からという人もいるし、大学に入ってからはじめてボランティア体験をした、という人ももちろんいる。

この学部に集まってくる人は人の役に立ちたいとか、人のお世話をすることが好きといった奉仕《ほうし》の精神をもっている人が多い。おそらくではあるけれど、他学部と比較《ひかく》しても、ボランティアに関心があったり、実際に行ったりしている割合は高いと思うよ。

学生たちはいろいろな現場にボランティアに行っているけれど、比較的《ひかくてき》多いのは保育園や幼稚園《ようちえん》、認定こども園、児童養護施設《しせつ》などだよ。先生に紹介《しょうかい》してもらう人もいるし、自分で探して、園に交渉《こうしょう》しボランティアに入っている人もいるよ。

実際の保育の現場で子どもたちのようすを観察したり、現役の保育士からいろいろと保

育の現状などを聞けたりもする。進路に関して不安に思っていることの相談に乗ってくれることもあるという。また、保育士や幼稚園《ようちえん》の先生の子どもへの対応を直に見れたり、一人ひとりの子どもたちを注意深く見守っている姿に感心する一方で、勉強になることも多いそうだ。ボランティアではあるけれど、学びの場であり、学校では得られない貴重な体験を積むことができる。

また、こども病院でボランティアをする人もいるよ。ただし、あまり表立って募集《ぼしゅう》はしていないようなので、各病院のホームページなどでコツコツと探さなければならない。将来、病棟《びょうとう》保育士をめざしている人は現場を知るという意味でも、ボランティアに挑戦《ちょうせん》してみるのもいいと思うよ。

学生のなかには、児童養護施設《しせつ》などのボランティアがきっかけとなり、将来の自分の進む道を決めたという人もいるよ。

地域の児童館でボランティアやアルバイトを

住んでいる地域の児童館で、アルバイトとして地域の子どもたちのお世話をする人もいるよ。児童館は誰《だれ》でも自由に遊びに来られる施設《しせつ》で、基本的に朝9時から夕方5時まで8時間開館している。みんなのなかにも、小学校の頃《ころ》よく遊びに行ったとか、夏休みや春休みに友だちと行った、という人もいるのではないかな。「今も行っているよ」という人もいるかもしれないね。

児童館のボランティアでは、平日の午前は事務作業を行うことが多い。

午後になると学校が終わって、たくさんの子どもがやってくる。グループで来る子もいれば一人で来る子もいる。一人で来る子に関しては一人で遊びたいのか、どこかのグループでいっしょに遊びたいと思っているのか、観察をして必要な時には介入《かいにゅう》をする。

児童館に来るのは0歳《さい》児から18歳《さい》までの年齢《ねんれい》の子どもたち。来館するそれぞれの個性をもつ子どもと、どのようにかかわることがよいか、どういう時にどう声かけをすればよいかなど考えることも多く、よい経験となる。

また、小さな子どもと保護者を対象にしたイベントなどを行う児童館もあり、イベントに使う遊び道具を準備したり、当日は運営を手伝ったりする。

子育て支援《しえん》を行うサークル活動

学生が主体となって、地域で子育て中の親をサポートする活動をしているサークルもあるよ。専用の施設《しせつ》が常設されており、乳児と親や幼児と親に遊び場を提供している学校も。同年代の子たちと遊ぶ経験をさせたり、新しい遊びを体験させたりして子育て支援《しえん》をしているよ。

そこで提供する遊びは、学生たちがそれぞれ子どもの年齢《ねんれい》にふさわしいものを考えるんだ。学生にとっても、ふだんはなかなか会う機会がない乳幼児や保護者とふれあうことで、保育に関する実践力《じっせんりょく》や観察力を深めることができるんだ。

また、イベントを企画《きかく》して学校の周辺に住んでいる親子を招待し、体を使ったり頭を使ったりする、さまざまな遊びを体験してもらったり、工作で物づくりをするワークショップを開催《かいさい》している大学のサークルもあるんだ。自分たちでチラシをつくってポスティングしたり、ポスターで地元の人に告知するんだ。

参加する乳児のことも考えて、ミルクが飲めたりおむつを替《か》えたりすることができるスペースや、彼《かれ》らが安全に遊べる場所も確保する。こうしたイベントは、地域に住む親同士の出会いの場にもなる。子育て中に孤独《こどく》を感じる人は多いけれど、育児について話したり、子育て中の悩《なや》みを話したりする仲間をつくる場所にもなっているんだ。地域の人を巻き込《こ》んでコミュニティーづくりをする、地域連携《れんけい》活動でもあるんだよ。

ボランティアは視野を広げることができるよ

Q14 この学部ではどんな人や世界にふれることができますか？

子育てしている現役の保護者の方々

子ども学部には、近隣《きんりん》に住む子育て世代に声をかけて、子育て支援《しえん》を行っている有志やサークルがたくさんあるんだ。イベントとして年に複数回開催《かいさい》する場合や、構内の教室を毎日、あるいは曜日やひと月に何日と日数を決め、開放しているところもあるよ。

たとえば週1～2回、数時間を親子同士の交流の場としてキャンパス内の教室を開放している大学がある。何年間も続いていて、地域の子育て支援《しえん》の拠点《きょてん》として近隣《きんりん》の親子にも頼《たよ》りにされている。部屋の中には絵本やおもちゃ、子どもたちが体を使って楽しめるコーナーもある。おむつ交換《こうかん》のコーナーや授乳コーナーも設けられていて安心して遊べるんだ。おしゃべりできるスペースもあって、親同士も交流ができる。子育てを楽しむための情報を教授から聞くこともできるし、子育ての相談やアドバイスも受けられるよ。

保育者のたまご（学生）たちは、手遊びや絵本の読み聞かせをして、子どもたちと目い

っぱい遊ぶんだ。ときには学生がピアノを弾《ひ》いて、みんなで歌ったりもするよ。

地域の人たちといっしょに、コミュニティーづくりに協力する地域連携《れんけい》活動を行っている学生のサークルもある。学生たちが企画《きかく》し、子どもたちが安全に遊べる遊具を制作したり、工作ができるコーナーをつくったりして、地域に住む子どもや親を呼んでイベントを開催《かいさい》する。また、食育のワークショップや、屋外で葉っぱや木の実を拾ってきて工作をするワークショップなどを開催《かいさい》することもある。子育てをしている保護者や子どもたちも、こうしたイベントに来ることにより交際の輪が広がっているという。

これらの活動で学生たちは、小さな子どもたちと交流しながら、授業で学んだことを実践《じっせん》できるんだ。机上の勉強だけでは気がつかなかった、新たな気づきも生まれる。また、子育て世代の保護者の方とも話ができるので、育児の悩《なや》みや子どものことで問題と感じていることなどを知れるよ。

病気の子どもたち、医師

保育士志望で、病棟《びょうとう》保育士になりたいという人は、まだ少数派らしい。病棟《びょうとう》保育士は就職が難しいという現実があるのもその一因だろう。大きな病院でも正職員は一人で、アルバイトなどの補助が一人付き計2人で、仕事に当たっているケースが多い。

病棟《びょうとう》保育士の仕事は入院している子どもたちの院内保育をし、生活面や勉強などの支《し》援《えん》をするんだ。また、病気や回復途中の子どもを預かる病児・病後児保育室もあり、病気の子どもや保護者の気持ちを理解して寄り添《そ》いながら、サポートができる保育士が求められているんだ。学生たちは通常の勉強に加えて医療《いりょう》保育の勉強として、医師から医学の知識と対処法なども学ぶんだよ。実際に、病院の実習で子どもの患者《かんじゃ》への接し方も学ぶ。

授業を通して医療《いりょう》の世界で働く人たちにも出会えるんだ。

実習先で出会う人びと

子ども学科の実習は、一般的《いっぱんてき》に保育園と幼稚園《ようちえん》で2回ずつと福祉《ふくし》関連の施設《しせつ》で1回行う。実習でお世話になる園や施設《しせつ》は大学が紹介《しょうかい》してくれる。また、福祉《ふくし》関連の施設《しせつ》（乳児院・児童養護施設《しせつ》・母子生活支援施設《しえんしせつ》・障がい者支援施設《しえんしせつ》など）に関しては、学生が選択《せんたく》できる大学もある。

保育園や幼稚園《ようちえん》の実習では、それぞれの園の経営方針などを知ることができるよ。保育者の先輩《せんぱい》たちの保育・幼児教育に対する思いや、仕事上での難しさなどを聞いたりすることも可能だ。話を聞くと自分はどういう保育をする園を探して就職すればよいか、どう子どもとかかわっていきたいのか、あらためて答えを探すきっかけになる。実習先の保育園

支援《しえん》活動や実習でさまざまな人に出会える

の教育方針に賛同して、卒業後にその保育園に就職した人もいたよ。

乳児院は、新生児から2歳《さい》までの子どもが入り、24時間生活をする施設《しせつ》なんだ。**実習で出会えるのは、施設《しせつ》で働く看護師、保育士、医師、家庭支援《しえん》専門相談員、栄養士、調理師などさまざまな分野の専門家だ。**いろいろ勉強になる話も聞けそうだよ。

福祉《ふくし》系の施設《しせつ》で実習先として実際に多いのは、児童養護施設《しせつ》と障がい者支援《しえん》施設《しせつ》なんだ。特に障がい者支援《しえん》施設《しせつ》の実習は不安に思う人が多いと聞くよ。障がい者支援《しえん》施設《しせつ》は知的障がい者、発達障がい者、身体障がい者など介護《かいご》や援助《えんじょ》が必要で、自宅での生活も困難な障がい者を対象とした施設《しせつ》だ。大人の障がい者もいる。施設《しせつ》での業務の一例としては食事・入浴・排泄《はいせつ》の介助《かいじょ》など。**障がい者支援《しえん》施設《しせつ》には医師や看護師、生活支援《しえん》員、職業指導員、就労支援《しえん》員などが働いている。**

実習はハードで、終わると疲《つか》れてぐったりしてしまったという人も多いけれど、障がい者に対する印象や考え方が変わるそうだよ。

Q15 子ども学部の学生の一日を教えてください

自分でつくった時間割に沿った生活時間

高校は教育課程に沿って、予《あらかじ》め組まれた時間割で授業を受けていたけれど、大学では時間割は自分で考えて組むことになるんだ。

子ども学部の授業には、保育士資格・幼稚園《ようちえん》教諭《きょうゆ》一種免許状《めんきょじょう》・社会福祉士《ふくしし》などの取得に必要な「必修科目」「実習」、指定された複数の科目から規定の単位数を必ず取得しなければならない「必修選択《せんたく》科目」、興味ある科目を選べる「選択《せんたく》科目」がある。専門的な知識を学ぶ「基幹科目」は、大半が「必修科目」に指定されている。各学年で取りこぼしをしないように、履修《りしゅう》ガイダンスはしっかり聞いておこう。「必修選択《せんたく》科目」「選択《せんたく》科目」に関しては、学んでみたいことを優先してもいいのではないかな。それでも迷ったら、講義内容などが記載《きさい》されているシラバスを参考にしたり、先輩《せんぱい》の意見を聞いたりしてみるのもいいよ。そうやって自分で組んだ時間割を中心に、毎日の授業を受けるんだ。

授業も多くて多忙《たぼう》な日々

ほとんどの大学は1コマ90~100分。中学や高校の授業時間に慣れている身には、最初はちょっと長く感じるかもしれないね。

子ども学部の授業は、一般《いっぱん》教養科目や保育原理・教育原理などの基礎《きそ》科目はもちろんだけど、1、2年生のうちから必修科目（基幹科目）の履修《りしゅう》もかなり多いので、気が抜《ぬ》けないんだ。1時限目は9時スタート。午前中は2コマで2時限目は12時を少し回った頃《ころ》に終わり、ランチタイム！　お弁当をもってきたり、校内の学食やカフェで食べたりする。

午後の授業は13時から3時限が始まる。

1年生の授業びっしりな一日

テスト間近は図書館で勉強。授業後ファミレスで勉強するなんて学生もいるよ。

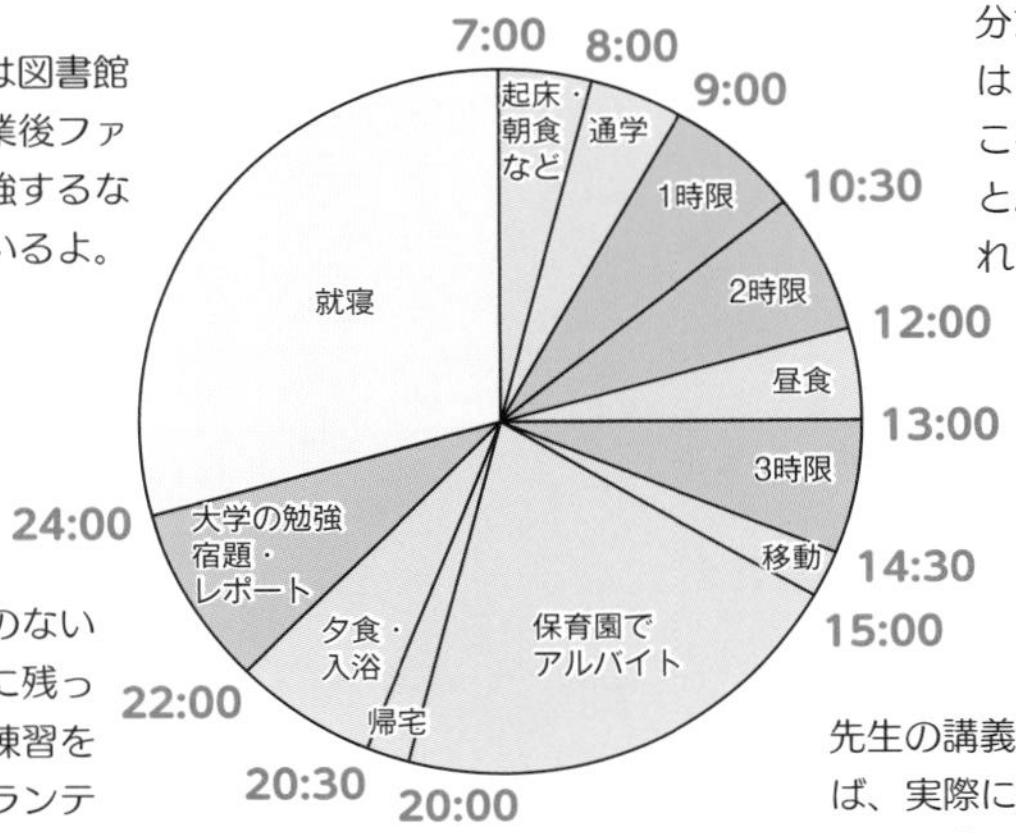

授業の1時限は90分だ。大学によっては100分というところも。最初は長いと思うけどすぐに慣れるよ。

アルバイトのない日は、学校に残ってピアノの練習をしたり、ボランティアに行くことも。

先生の講義を聴く授業もあれば、実際に自分たちで体験してみる演習科目もあるんだ。

授業を目いっぱい取っている曜日は5時限までの日もあるよ。**1年生から実習を行うところもあり、隔週《かくしゅう》に1回ほど午後に幼稚園《ようちえん》や保育園に行く。**

時間割で空き時間ができてしまったら、ピアノの練習に充《あ》てる人も多い。ピアノの授業は必修だけど、新入生にはピアノ初心者が多いんだ。各大学とも学生がいつでも利用できるピアノ室があるんだよ。授業が終わったら友だちと遊んだり、サークルに顔を出したり、アルバイトに行ったりする。

帰宅後は課題やレポートが出されている日は、その作成に時間を費やすけれど、なにもない日はYou Tubeを見たりSNSやゲームをしたりしてリラックスして

3年生の充実した一日

国家試験や資格取得を考えている人は、取得のための勉強に忙しい時期もあるんだよ。

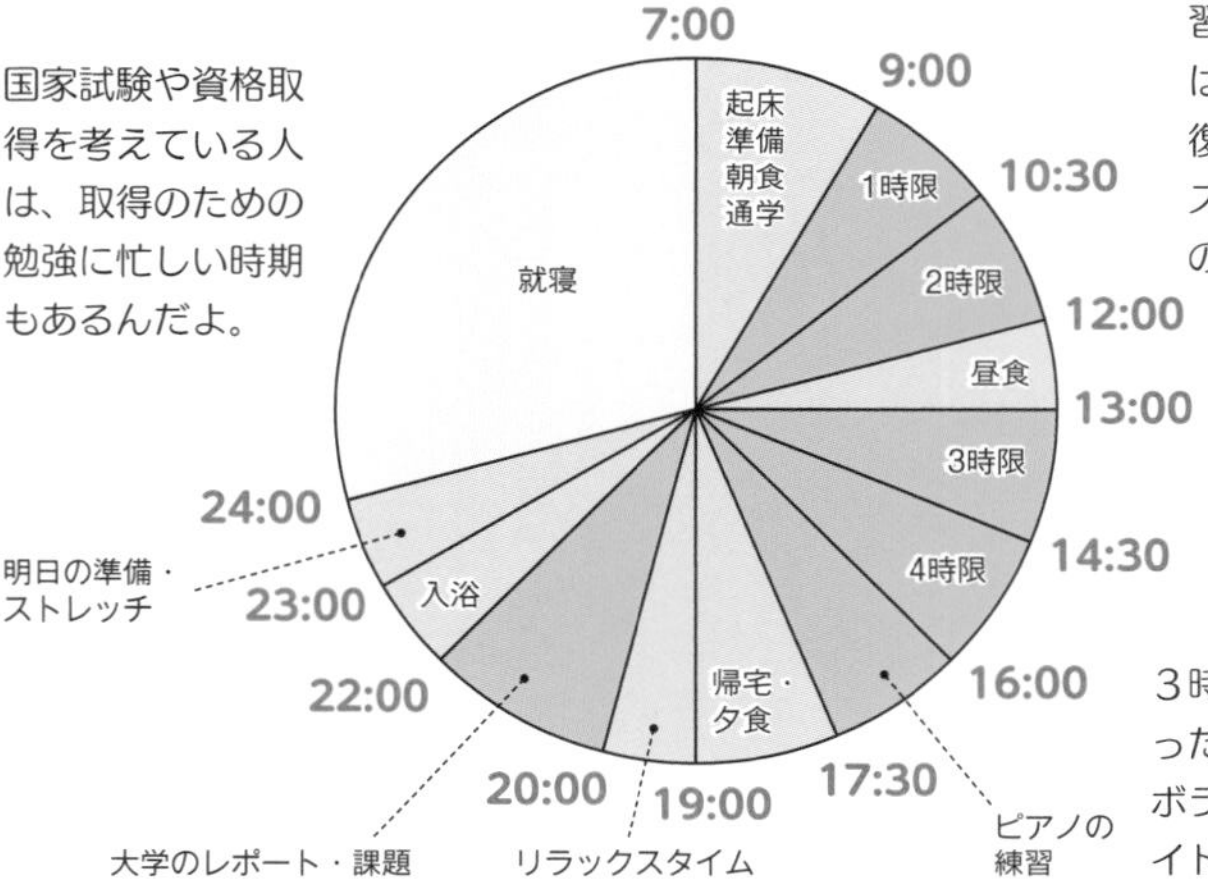

3年生は大学外の実習もある。実習期間は自宅と実習先の往復になるので、このスケジュールは実習のない日だよ。

3時限、4時限が終わった後は、サークルやボランティア、アルバイトに行く学生も。

過ごすよ。就寝は0時から1時の間かな。

学んだことを実践《じっせん》、子どものことを観察して理解する実習

3、4年生になると、専門的な学びの基幹科目と実習科目が授業の中心。3年生になると1時限からの授業は少なくなり、朝は少しだけゆっくりできるよ。授業が終わるとアルバイトに行く人も多い。保育園、児童館、特別養護施設《しせつ》などの、学校の勉強に直結しているアルバイトをしている人もいるけれど、学生の定番の飲食店という人も多い。

また、保育園・幼稚園《ようちえん》や各施設《しせつ》の実習の間は、大学には登校はしないんだ。実習先と自宅の往復となる。実習期間中は施設《しせつ》に宿泊《しゅくはく》する場合もあって、一日のスケジュールも実習先次第となる。一般《いっぱん》企業《きぎょう》に就職を考えている人は就職活動にも時間を費やすし、公立の幼稚園《ようちえん》や保育園をめざす人は、自治体の公務員試験に向けて準備をする。4年生でも実習がある大学もある。また、3年生から学んだゼミの集大成として卒業論文を書き上げる。私立幼稚園《ようちえん》・保育園の就職をめざす人は、大半の採用試験が4年生の夏以降となり多忙《たぼう》だ。

実習、サークル、アルバイトと充実の毎日

Q16 入学から卒業までの流れを教えてください

1年生はつぎの段階に移る基礎《きそ》固《がた》めの年

楽しみにしていた大学生活は、4月上旬《じょうじゅん》に行われる入学式から始まるんだ。新学期がスタートすると、1年生を対象に1週間ほどオリエンテーションやガイダンスが開かれる。サークルや部活のオリエンテーションや勧誘《かんゆう》も、この時期は盛《さか》んだよ。学生生活を健やかに送れるように、健康診断《しんだん》もこの期間に受ける。

ガイダンスは各科目の説明や履修《りしゅう》登録を行う方法、図書館など学校の施設《しせつ》利用などの説明が行われる。大学では必ず履修《りしゅう》しなくてはいけない必修科目と選択《せんたく》科目があり、卒業までに124単位を修めなければならないんだ。

1年生では例を挙げると「憲法」「外国語」「情報処理・情報リテラシー」「スポーツと健康」などの一般《いっぱん》教養科目。「保育原理」や「教育原理」「社会福祉《ふくし》概論《がいろん》」など、子ども学、児童学や保育学の基礎《きそ》科目を総合的に学ぶ。

人によっては懸案事項《けんあんじこう》の〝ピアノ〟も1年生から始まる。1年生では2年生以降の応用段階に進むための、基礎固《きそがた》めをしっかり行うんだ。1年生から大学の付属幼稚園《ようちえん》や保育園で、子どもたちとふれあう実習をさせる大学もあるよ。レポートの提出があったり、夏休み前と春休み前は憂鬱《ゆううつ》な試験だ。

入学したばかりの頃《ころ》は、大学や授業に慣れるので精いっぱいだけど、夏休みが始まる頃《ころ》には、キャンパスライフを楽しめるようになるよ。大学にはさまざまなサークルや部活がある。また、複数の大学で構成されるインターカレッジサークルもあるので、サークルに入って学部や大学の異なる友人をつくることも、自分の視野を広げることになるよ。

2年生は専門科目の履修《りしゅう》も始まるよ

2年生は大学にも慣れて少しだけ余裕《よゆう》が出てくる頃《ころ》。授業では基礎的《きそてき》な理論科目に加え、基幹科目（専門分野の研究領域のコアとなる科目）の授業も始まるよ。**理論を学ぶ一方で一部の大学では保育実習も始まり、講義や演習で得た知識を確かなものにするんだ。**

また、実習を通して実際に子どもと向き合うことで、子どもに対する理解を深めることができるよ。1年生からの人もいるけど、2年生からアルバイトやボランティアを行う人も増えてくる。幼稚園《ようちえん》や保育園、児童館や養護施設《しせつ》などでアルバイトや、ボランティアを行っている人もいる。実習に行った先の保育園で声をかけられたり、学校に紹介《しょうかい》してもらったりするなど見つけ方はさまざま。ほかのアルバイト先の職種は小売店・飲食店など他学部の大学生と変わらないよ。

本格的な実習が始まる3年生

3年生になるとより専門的な基幹科目の授業と、実習科目が中心になるよ。実習は基本的に保育園（2回）、幼稚園《ようちえん》（2回）、社会福祉《ふくし》関連施設《しせつ》（1回・乳児院、児童養護施設《しせつ》、母子生活支援施設《しえんしせつ》、障がい者支援施設《しえんしせつ》など）で行われるんだ。

入学から卒業まで

	1年生	2年生	3年生	4年生
春	入学式 オリエンテーション 一般教養課程 学部共通専門科目 専門課程の基礎学習	一般教養課程 専門課程 保育実習・教育実習（幼稚園）	専門課程 ゼミ分野の研究 保育実習・教育実習（幼稚園）	ゼミ・卒業研究 保育実習・教育実習（幼稚園）
夏	ボランティア・海外教育施設研修旅行・オープンキャンパス			卒業論文制作
秋	学園祭	保育実習・教育実習・施設実習	保育実習・教育実習・施設実習	私立幼稚園、保育園などに就職活動開始
冬	春休み			卒業論文提出 就職、大学院に進学

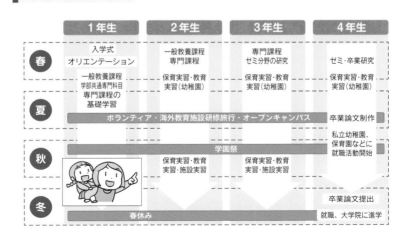

期間は2週間ほど。3年生だけでなく、一部2年生の時にも実習に行く場合もある。例外を除いて実習先は大学から紹介《しょうかい》される。

実習はなかなか学生にとってもハードで、実習から帰っても毎日夜遅《おそ》くまで、観察記録や実習日誌を書かなくてはならない。でも、この実習は実践力《じっせんりょく》が高まるとともに、さまざまな気づきもあるというよ。また、海外の保育施設《しせつ》の現場や幼児教育について学ぶ海外研修を、3年生で実施《じっし》する学校も多い。

4年生は卒業論文執筆と本格的な就職活動を開始

4年生で実習の一部を行う学校もあるけれど、ほとんどは卒業論文と就職活動に時間を費やす。就職活動は公立保育園の公務員保育士の場合は、6月から8月の間に一次・二次試験が行われる場合が多いが、自治体によっては1月に採用試験を行うところもある。

私立の幼稚園《ようちえん》・保育園は、ほかの学部の就職活動に比べると遅《おそ》いスタートで、4年生の夏以降が就職活動の本番となる。

4年間のハイライトは幼稚園《ようちえん》・保育園・施設《しせつ》での実習

卒業後は児童養護施設で子どもたちを支えたい

学生インタビュー 1

長野県立大学《ながのけんりつだいがく》
健康発達学部こども学科　3年生
高橋諒太朗《たかはしりょうたろう》さん

長野県生まれで茨城《いばらき》県育ち。妹と弟がいて、小さい頃《ころ》はよく面倒《めんどう》を見てあげていたという。高校時代は演劇部の部長兼《けん》主役として活躍《かつやく》していた。

著者撮影

少人数で深い学びができる学科

高校2年生の頃《ころ》、「大学を調べる」という授業がありました。僕《ぼく》は保育関係の学科に進学したかったので、その勉強ができる大学を探しました。国公立に特化して探し、複数の学校を見つけて各大学を調べました。長野県立大学は、短大から移行して数年と新しいけれど、環境《かんきょう》が一番整っていました。

こども学科は1学年40人。1～4学年の合計は160人で、他大学に比べればかなり小規模です。各専門分野の教授・准《じゅん》教授が15人、単純に計算して学生約11人に対し一人の先生です。多様な専門分野の先生がいますから、この大学なら深い学びができるのではないか。「この大学、すごくいいな！」と思って志望することに決めました。

学生インタビュー

楽しい演劇表現・造形の科目

大学では、思った通り先生との距離《きょり》が近く、ゼミの授業も先生といっしょに研究している、という雰囲気《ふんいき》が感じられます。相談も気軽にできます。たとえば、ゼミでの研究過程で別の分野に関する疑問や問題が出たら、その専門分野の先生に尋《たず》ねることができる環境《かんきょう》があります。

授業で好きなのは「演劇表現」「造形」の分野で、実際に劇もします。保育者自身が演劇的な表現を身につけていると、子どもたちに対してできることが増えていくんです。

子どもたちは活動にストーリーがあったほうが楽しめます。そのストーリーの導入部に保育者が先に入っていって、子どもたちを引き入れてあげるんです。保育者に演劇スキルがあれば、子どもたちが自由に遊んでいたり、ごっこ遊びをしたりしているところへ自然に入っていって、遊ぶことができます。

「造形」は「図工」を思い浮《う》かべてもらうといいかもしれません。理論的な部分や技法など、子どもたちといっしょにつくる時の方法を学び、実際につくります。

長野県立大学のこども学科は、英語教育に力を入れているのも特徴《とくちょう》のひとつ。子どもの教育に関して専門的な英語も学びます。希望すれば3年生、4年生になっても、英語の授業が受けられます。国際化は保育の現場にもきています。外国の方で日本語が話せない保護者にも、保育園の説明をしたり保育中の子どものようすを話したりと、コミュニケーションを取る必要があります。これからは、今以上に英語は必要になると思っています。

全員参加のフィンランド短期海外研修

こども学科では3年生になると、学科全員がフィンランドへ短期海外研修に出かけます。僕《ぼく》も先月、行ってきたばかりです。ヘルシンキ大学教育学部・幼児教育専門の先生の講義を受けたり、日本の文部科学省《もんぶかがく》にあたる国家教育委員会の方の講演を聞いたりしました。実際に現地の保育園に入って、短期間ですが実習するという機会にもめぐまれました。

フィンランドの幼児教育は、日本とはまったく違《ちが》いました。そのひとつが自然保育園です。自然保育園は、園児が遊べる園庭や山があり、年長になると昼食も昼寝《ひるね》も外で行います。寒い季節になると、焚《た》き火エリアで子どもたちは暖を取り、年長の子たちは一日中外で過ごしています。

先生のスタンスもまったく違《ちが》います。日本だと先生も子どもに交じっていっしょに遊びますが、フィンランドは園児が自分で遊びを見つけます。先生方は見守っているのが基本。たとえば木に登るとか、ちょっと高いところに上っていても、命に危険がない限りは注意をしません。子どもを信じて、見守るという考え方が強いのかな。実際に見守り保育を見てすばらしいと思いました。

帰ってきてからは、日本の保育に関する見方が変わりました。フィンランドの保育は精神的にもすごくよいといいますが、日本も遜《そん》色《しょく》ないぐらいすばらしい保育があり、日本のほうがいいという部分もありました。

人生観が変わった児童養護施設《しせつ》の実習

大学での授業で印象に残っているのは、実

学生インタビュー

フィンランドの短期海外研修にて　取材先提供

習です。幼稚園《ようちえん》や保育園の実習以外にも児童養護施設《しせつ》や障がい者支援施設《しえんしせつ》にも行きました。

特に印象深かったのが児童養護施設《しせつ》です。親が経済的に困窮《こんきゅう》して育てられない、虐待《ぎゃくたい》されたなど、つらい事情や過去をかかえている子が一時的に生活する場所です。

僕《ぼく》の実習先が特別なのかもしれませんが、みんな明るく助け合って暮らしていました。児童養護施設《しせつ》は荒れていたり、かわいそうな子がいるという偏見《へんけん》がありましたが、憐《あわ》れみを受けるだけの存在ではないことを施設《しせつ》実習を通して強く感じました。施設《しせつ》実習は泊《と》まり込《こ》みです。休みは日曜日と、子どもたちが学校に行っている間だけでした。

こうした経験を経て、卒業後、児童養護施《し》設《せつ》の職員として彼《かれ》らを支えたいと思うようになり、その目標に向かってがんばっています。

子どもの成長を見守れる保育者はすてきな仕事

学生インタビュー 2

聖徳大学《せいとくだいがく》
児童学部児童学科（現・教育学部児童学科）4年生
髙島《たかしま》はなさん

中学校は吹奏楽《すいそうがく》部、高校は合唱部に所属。中学生の頃《ころ》、職場体験の時に見た保育者の姿がきっかけで、保育職に興味をもつ。卒業後は区の公立保育園に就職する予定。

保育職に興味をもった職場体験

私には10歳離《さいはな》れた弟がいます。中学の頃《ころ》、弟はイヤイヤ期真っただ中で、何を言ってもイヤイヤです。腹立たしく感じる時もあって(笑)。その頃《ころ》、ちょうど職場体験があったので、ほかの子はどうなんだろうって興味があり保育園に行きました。

3日間と短かったのですが、保育者の子どもたちへの接し方や、保育中に子どもがケガをした時の対応なども見ることができました。子どもの命を預かっているという重要さに気づいたり、子どもたちが本当にかわいかったりして、子どもの成長を見守れる保育者ってすてきだな、と保育職に興味をもちました。

また、職場体験で保育園に行った全員が吹《すい》奏楽《そうがく》部の部員だったので、誕生《たんじょう》会でハッピーバースデーを演奏したんですよ。それも、子どもたちとの距離《きょり》を縮め仲良くなるきっかけになったと思います。

がんばって練習したピアノ

進学先は、保育に特化した大学に入りたいと思っていました。何校かオープンキャンパスに行ってみたのですが、聖徳大学は学生と先生の距離《きょり》が近いという印象をもちました。また、聖徳は大学と短期大学があります。入学する前から実習の大変さは耳にしていましたので、実習現場で学んだことを自分なりに活かすためには、時間が必要だなと考えて、大学を選びました。

ピアノがまったくの初心者だったことも大学を選ぶ際には大きかったです。子どもたちの前で演奏できるようになるには、短期大学の2年間では少し難しいと思いました。実際に在学中に特にがんばった教科は「ピアノ」です。もともと吹奏楽《すいそうがく》部・合唱部で音楽にふれてきたので、譜《ふ》読みもできてリズムもわかります。でも、指がついてこなかったんです。

聖徳はピアノの補講や、初心者向けの講座があって、通常の授業とは別にレッスンをしてもらえます。夏休みも初心者向けの補講があり、弾《ひ》き方、表現の仕方、指使いがわからない人は指番号を教えてもらうことができます。夏休みの補講は個室のレッスン室で、先生と学生が一対一で行われます。学生たちが練習している個室を先生が巡回《じゅんかい》して指導してくれます。先生が来るまでは各自ひたすら練習です。

中学校・高校で音楽にふれてきたので、子どもたちに「音楽って楽しいんだよ」と、伝えられる保育者になりたいと思っていました。そのためピアノは、1年生から練習をコツコツがんばり、その結果、選抜《せんばつ》者が出場できるコンサートに推薦《すいせん》されるまでになりました。

アートパークと海外研修

4年間をふり返って楽しかった思い出はいろいろありますが、特に「アートパーク」というゼミでの活動がとても楽しかったです。12人のゼミ生が、子どもたちといっしょにつくった楽器や、ボディーパーカッション（体全体を打楽器に見立てて音楽を奏でる）でパレードをしました。

公園を一周しようとアイデアを出したら、「じゃあ、段ボールを列車に見立てて、楽器を叩《たた》けない子はそれをもってパレードしたら？」とか、「手形インクを乗車券にしたらおもしろそう」などとみんなで話し合って、いろいろと試行錯誤《しこうさくご》しました。

最終的に楽器はマラカス、タンバリン、カスタネットなどになり、用意しておいた楽器が足りなくなるくらい子どもたちが集まってくれて、段ボールの列車も子どもが収まりきらないくらいでした。充実《じゅうじつ》した時間が過ごせたイベントでした。

海外研修も楽しい思い出です。10日間ほどドイツとスイスに行きました。日々忙《いそが》しく、ホテルもほぼ毎日変わって、ドイツにいたのに気がついたらスイスにいたみたいな（笑）。両国の幼稚園《ようちえん》を見学し、保育に関係するおもちゃ博物館などにも行きました。ドイツやスイスの幼稚園《ようちえん》は、多国籍《たこくせき》で信仰《しんこう》している宗教もさまざまです。日本ではピアノに合わせて歌うことが多い印象ですが、ギターやバイオ

子どもたちに読み聞かせる絵本を選びます

リンなどを演奏し、それに合わせて歌っていました。先生も自由に自分の得意な方法で、保育や教育をしている姿が印象的でした。

子どもの気持ちを尊重する保育者に

公務員試験に合格し、卒業後は公立の保育園に就職が決まっています。

私は子どもの思いを尊重した保育者になりたいと考えています。子どもに寄り添《そ》える保育者です。言葉では簡単に聞こえますが、日々の保育や教育など、こういう活動をやらなくてはいけないという制約がある中で、子どもの気持ちを大切にすることは難しいことだと実習で感じました。

どうしたら子どもが自然にやりたいと思えるのか。子どもの思いに合わせて対応できる保育者になることをめざしています。

学生インタビュー 3

子どものやりたいことを優先する保育者をめざす

白梅《しらうめ》学園《がくえん》大学《だいがく》

子ども学部子ども学科　3年生

前《まえ》場《ば》美《み》紅《く》さん

幼稚園《ようちえん》の先生になることは、小学校以来の夢《ゆめ》。今は子ども学の勉学に保育園のアルバイト、また、白梅子育て広場「あそぼうかい」のリーダーとしても活躍《かつやく》。

卒業後を見据《みす》えた高校選び

昔《むかし》から子どもが好きで、同級生と遊ぶよりも年下の子と遊ぶほうが多かったですね。なんとなく将来は「子どもとかかわる職業に就きたい」と思っていました。中学生の時の高校選びは、3年後の大学受験も視野に入れておこうと思いました。最終的に夢《ゆめ》を叶《かな》えられる高校はどこだろうと探していたら、白梅学園高等学校が候補にあがりました。

高校3年生であらためて進学を考えた時、もう一校、気になる大学がありました。でも幼児教育界では、白梅学園大学はよく知られた存在ですし、多くの卒業生が保育園や幼稚《ようち》園《えん》に就職しています。就職率の高さも魅力《みりょく》でした。やっぱり夢《ゆめ》を実現するのは白梅学園大学だと考えて、こちらに進みました。

学生インタビュー

地域の人とともに行う地域子育て支援《しえん》演習

子ども学科で特徴《とくちょう》のある授業は、「地域子育て支援《しえん》演習」だと思います。この授業は、子ども学部の全学科1年生に向けて開講され、1年生の学生と1～4年生のサークル（白梅子育て広場・学生団体）の人が合同で企画《きかく》・準備を行います。

年に3回催《もよお》され、テーマの設定を最初にします。テーマに沿って役割分担があり、制作物などを作製します。実際に子どもたちが使って遊ぶ制作物に関しては、開催《かいさい》前に複数回リハーサルをして安全性を確認し、当日を迎《むか》えます。各回とも企画《きかく》を通して、授業で学んださまざまなことを実践《じっせん》できる場になっています。

私はこの「地域子育て支援《しえん》演習」を行う、「白梅子育て広場」のサークル員としても活動しながら、いろいろなことを学んでいます。どっぷりサークルにかかわっていて、大学生活で印象に残っていることも「白梅子育て広場」で行った活動や企画《きかく》です。

そのひとつは野菜スタンプ。子どもにとって野菜は苦手な食べ物であることが多いので、野菜の断面に絵の具をつけスタンプすることで、野菜に親しみをもってもらいました。スタンプを楽しんだ後は万華鏡《まんげきょう》をつくりました。子どもだけでなく、保護者の方の興味をひくことができました。また、こちらからの提案に対して、親も子どもも年齢《ねんれい》に関係なく楽しんでもらえたのは、うれしいことでした。「白梅子育て広場」のイベントには、地域の人たちが多い時は、一日100人以上も来場するんですよ。

絵本を使ったワークショップ

印象的な授業に、「言葉の指導法」というものがあります。ここで子どもたちのために、絵本をどういった視点で選ぶのかを教えてもらいました。実習に行った時の読み聞かせの絵本は、今まで自分の好きな絵本や、子どもたちに感じてほしいことがある絵本を選んでいました。でも、授業で学んだ絵本の選び方は、子どもの年齢《ねんれい》発達に合わせたり、子どもの生活状況《じょうきょう》に即《そく》してその子にふさわしい本を選んだりするんです。

　その授業の先生のゼミにも在籍《ざいせき》しており、主に絵本のワークショップを行っています。先日は東京・あきる野《の》市で『こんにちは！わたしのえ』という作品をテーマに、その作品の作家であるはたこうしろうさんと、あきる野市在住の保護者と子どもたちに参加してもらって、ワークショップを行いました。

　はじめに読み聞かせをして、その絵本の世界に子どもたちを誘《いざな》います。『こんにちは！わたしのえ』は、絵の具を使って絵を描《か》いたり、手や足、体にも絵の具を塗《ぬ》ったりしてしまう絵本です。実際に絵本の中に出てくる子どものような体験をしてもらう、というのがテーマでした。いろいろな仕掛《しか》けや本の世界観をつくりました。全身に絵の具を塗《ぬ》ってボディーペイントをしたり、たとえばリンゴも固定観念にとらわれないで好きに描《か》いたりしてもらいました。子どもたちもどんどん楽しくなって、最後はもう真っ赤でした。

　沖縄《おきなわ》の保育園にもワークショップを提供しています。もう10年近く続けていて、新たに本を選び、それをもとに世界観をつくること

大学内の授業や各種活動では、子どもとふれあう機会が溢れています　取材先提供

に加えて、実際に子どもたちが遊べる仕掛《しか》けもつくる予定。楽しみです。

学びが多い保育園のアルバイト

児童相談所や児童館、学童クラブでアルバイトをしている友人もいます。私は今、保育園でアルバイトをしています。大学に入学したら、保育園でアルバイトをしたいと思っていたので、1年生の時に思い切って大学の先生に園の紹介《しょうかい》をお願いしました。たまたま知り合いの保育園が、アルバイトを探していたということで、取りもってもらいました。

アルバイト先では、保育士さんの補助をしています。保育者が子どもとどのようにかかわっているか、子ども主体の保育の方法など実際の保育の現場で体験をしながら、夢《ゆめ》を叶《かな》えるために多くのことを学んでいます。

学生インタビュー
4

児童発達支援センターで働くことが目標

東京《とうきょう》家政《かせい》大学《だいがく》
子ども支援学部子ども支援学科　4年生
遠藤《えんどう》くるみさん

高校生の時から老人ホームや保育園、障がい者入所施設《しせつ》など多彩《たさい》な施設《しせつ》でボランティアを経験。将来は福祉《ふくし》関係の就職をめざし、子ども支援《しえん》学部に入学。

高い専門性を備える保育者になりたい

私の出身中学校の特別支援《しえん》学級は、とても充実《じゅうじつ》していました。学校の近くには特別支《し》援《えん》学校もあって、年に何回か交流をしていました。また、障がいのある同級生といっしょに育ってきたこともあり、高校卒業後は大学で福祉《ふくし》を学びたいと思うようになりました。

高校時代はボランティアで、老人ホームなどいろいろな施設《しせつ》を訪れました。そのなかに児童発達支援《しえん》センターがありました。未就学（0〜6歳《さい》）で障がいのあるお子さんが通所する施設《しせつ》です。ボランティアをするうちに、将来こういう施設《しせつ》で働きたいと思ったのです。

児童発達支援《しえん》センターは保育士資格だけでも働けますが、特別支援《しえん》学校教諭《きょうゆ》の免許《めんきょ》ももつ専門性の高い保育者になりたいと考えました。高校1年生の時に大学を調べたところ、東京家政大学の「子ども支援《しえん》学部子ども支援《しえん》学科」で、目標としていた幼稚園教諭《ようちえんきょうゆ》、特別支援《しえん》学校教諭《きょうゆ》と保育士の三つの免許《めんきょ》と資格が取れることを知り、第一志望としました。

この学科だからこそ学べた「臨床《りんしょう》美術」

子ども支援《しえん》学科という名称《めいしょう》ですが、特別支援《しえん》学校で働くことをめざしている学生はあまり多くはないです。ただ今どきは、どの幼稚園《ようちえん》・保育園にも、少し発達がゆるやかで気になる子がいます。特別支援《しえん》学校教諭《きょうゆ》の免許《めんきょ》は取らなくても、幼稚園《ようちえん》・保育園で働く上でこの学科で学ぶ特別支援《しえん》に関する専門性が役立ちます。少しでも〝支援《しえん》〟をしたい、という気持ちがある人が多い学科です。

子ども支援《しえん》学科の教授には、保育士や幼稚園教諭《ようちえんきょうゆ》だった人、医師、特別支援《しえん》学校で働いていた人などがいます。教授一人ひとりの専門性が高く、経験に基づく生きた教えを受けられることが特徴《とくちょう》だと思います。

いろいろな授業がありますが、この学部だからこそ学べたのは「臨床《りんしょう》美術」です。臨床《りんしょう》美術は右脳を使って絵を描《か》くアートセラピー。認知症《しょう》の予防、子どもの感性を育むことの効果が期待できるといわれています。臨床《りんしょう》美術では絵の上手下手ではなく、各自の作品のよいところをほめるので、すごく楽しいです。臨床《りんしょう》美術が広まれば、絵を描《か》くのが嫌《きら》いという子が減るのではないかと感じました。

子どもの発想に感心！「あーとくらぶ」

卒業研究は「スヌーズレンの歴史と活用について」です。スヌーズレンは、重度の知的障がい者が五感を使って、心地よく過ごせる空間のことでオランダが発祥《はっしょう》です。イメージとしてはプラネタリウムでしょうか。暗い部屋にライトが照らしてあったり、プロジェクターで絵を映し出したり、アロマの香りがしたり、いろいろなものにふれたりと、「光」「音」「匂《にお》い」「振動《しんどう》」「温度」「触覚《しょっかく》の素材」など、五感を使って楽しめる空間です。そのスヌーズレンについて考察しています。100円ショップで売っている材料を使って、気軽に活用できるような小型のスヌーズレンも制作する予定です。

ゼミでは、「あーとくらぶ」という保育園で造形を行う活動をしています。ゼミの先生がもってきた題材について、子ども4人にゼミ学生一人が補助につき、子どもでは難しい作業を手伝います。子どもたちの作品は大人とは全然違《ちが》うおもしろさがあります。絵はうまい下手ではありません。インパクトがあるものとか、のびのびと描《か》きたいように描《か》いた作品が魅力的《みりょくてき》なんですね。子どもによっても描《か》くものがまったく違《ちが》います。

陶芸《とうげい》でお皿やコップをつくろうという時に、ハンバーガーショップのポテトや「クレヨンしんちゃん」をつくる子もいて、子どもの発想力っておもしろいと毎回感じます。同じ敷《しき》地《ち》内に保育園があるので、会うと「あーとくらぶのお姉ちゃんだ」と言われます（笑）。

児童発達支援《しえん》センターで働きたい

記憶《きおく》に残っている実習は特別支援《しえん》学校です。地元の小学校・中学校の頃《ころ》に交流していた学校で、実習を行いました。

昔《むかし》は障がいのある子も、ちょっと工夫す

学生インタビュー

「あーとくらぶ」の活動のようす　取材先提供

ればいっしょに遊べるようになると思っていました。でも、その工夫は先生方が一人ひとりの能力に見合った遊びを考え、配慮《はいりょ》の上で、楽しく遊べるようにしてくれていたのだと今回、実習に行ってわかりました。

私は小学部の2年生に配属されて、研究授業は図画工作で紙粘土《ねんど》を使いました。色つきの紙粘土《ねんど》を使うのか、白い紙粘土《ねんど》に色をつけるのか。どの順番ならスムーズにいくのか、どのやり方が子どもたちにふさわしいのか、ほかの先生に相談しながら指導案を立てて実《じっ》施《し》しました。濃《こ》い内容の2週間でやりがいはありましたが、先生は難しいと感じました。

今は4年生なので就職活動中です。私は高校の頃《ころ》から児童発達支援《しえん》センターで働きたい、という目標をもっています。だから、そこに焦点《しょうてん》を絞《しぼ》って受けていくつもりです。

4章

資格取得や卒業後の就職先はどのようになっていますか？

Q17 卒業後に就く主な仕事はなんですか？

半数以上が保育園・幼稚園《ようちえん》・認定こども園に就職

子ども学部にはさまざまな学科やコースはあるけれど、在籍《ざいせき》する学生たちの共通点はほとんどが「保育園の先生になりたい」「幼稚園《ようちえん》の先生になりたい」といった明確な目的をもち大学に入っていることだ。

卒業するまでには、大半の学生が「保育士資格」「幼稚園教諭《ようちえんきょうゆ》一種免許状《めんきょじょう》」を取得する。保育士と幼稚園教諭《ようちえんきょうゆ》の両方の養成カリキュラムを修めた人は、「保育教諭《きょうゆ》」も取得できる。大学にもよるけれど、約60～80％の学生が保育園、幼稚園《ようちえん》、認定こども園に就職している。

学生たちが卒業後の就職先として、大半を占《し》める保育園は児童福祉施設《ふくししせつ》という位置づけで、厚生労働省《こうせいろうどう》が管轄《かんかつ》しているんだ。今は共働きの家庭がほとんど、保育園は保護者に代わって保育士が子どもの面倒《めんどう》を見ている。入園できるのは0歳《さい》児から小学校就学前まで。保育園で保育士は食事や着替《きが》えなど、生活全般《ぜんぱん》に関して子どもを支援《しえん》するんだ。子どもを

預かる時間は園によっても異なるけど、なかには保育士がシフトを組んで20〜21時や深夜まで預かるところもあるんだよ。

幼稚園《ようちえん》は文部科学省《もんぶかがくしょう》の管轄《かんかつ》で、小学校や中学校と同じ教育機関（学校）と位置づけられている。だから幼稚園教諭《ようちえんきょうゆ》と呼ばれるんだ。入園できるのは満3歳《さい》から小学校就学前まで。文部科学省が定めた、幼稚園《ようちえん》教育要領に基づく教育が行われる。幼稚園《ようちえん》の先生たちは音楽やお絵描《えか》きなどの芸術分野やひらがななどを教えるよ。また、英語を教える幼稚園《ようちえん》もある。もちろん、幼稚園《ようちえん》も遊びを大切にした教育もしている。この年齢《ねんれい》の間に思い切り遊ぶことで、創造性が豊かになるといわれているよ。

認定こども園は、保育園と幼稚園《ようちえん》をミックスしたような施設《しせつ》で、内閣府《ないかくふ》が管轄《かんかつ》だ。保育園と幼稚園《ようちえん》のいいところをあわせもっており、預けられる時間も長い。入園できるのは0歳《さい》児から小学校就学前で保育園と同じ。幼稚園教諭《ようちえんきょうゆ》の免許状《めんきょじょう》と保育士資格を両方取得している保育教諭《きょうゆ》が子どもたちの面倒《めんどう》を見る。保育教諭《きょうゆ》は、子どもたちへの保育と教育の両方を行うんだ。

福祉施設《ふくししせつ》に就職して子どもたちをサポート

保育士の資格を活かし、福祉《ふくし》関連の施設《しせつ》に就職して、子どもたちを支援《しえん》する仕事に就く人たちもいる。

福祉《ふくし》関連の施設《しせつ》のひとつ乳児院は、事情があって保護者が乳幼児を養育できない場合に、保護者に代わって養育をする施設《しせつ》。乳幼児以外にも虐待《ぎゃくたい》された小さな子、病気にかかっている子、障がい児などに対応する専門的養育機能をもつ施設《しせつ》なんだ。

また、以前の児童養護施設《しせつ》は、親のいない子や、多様な困難があり親が子どもを育てられない、といった理由で入所するケースが多かったが、近年では半数近くの子どもが保護者からの虐待《ぎゃくたい》が理由で入所してきている。

また、なんらかの障がいのある子どもも増えている。こうした子どもたちを可能な限り家庭的な環境《かんきょう》で、安定した人間関係のもとで養育するのが児童養護施設《しせつ》だ。

障がい児をサポートする障がい児入所施設《しせつ》も、卒業後の就職先のひとつだ。障がいのある子どもたちを保護して、日常生活の指導や自活ができるような知識や技能を教える施設《しせつ》だ。支援《しえん》するのは身体の障がい、知的障がい、精神に障がいのある子どもたちなど、その障がいもさまざまだ。さらに障がいが軽い子どももいれば、重い子どももいる。また、施《し》設《せつ》には入所型と通所型があり、働く時間も異なるんだ。

こうした福祉《ふくし》施設《しせつ》へ実習で訪れて、就職したいと考えた卒業生もいるよ。施設《しせつ》に入所している子どもたちは、庇護《ひご》を求める部分もあるけれど、難しい環境《かんきょう》にめげることなく生きている子も多い。そういう姿を見て支援《しえん》したいと思ったというよ。

医院でも保育士のニーズがあるんだ。子ども連れの妊婦や患者《かんじゃ》が落ち着いて診察を受けられるように、キッズスペースを設けて保育士を常駐《じょうちゅう》させたり、新生児室の保育士として産婦人科に雇《やと》われたりする人もいる。同様に保育士が常駐《じょうちゅう》する歯科医院もあるよ。

役所などや一般企業《いっぱんきぎょう》に就職

もちろん一般企業《いっぱんきぎょう》に就職したり、公務員試験を受けて県庁や市町村区の役所に行政職などで就職したりする人もいるよ。

一般企業《いっぱんきぎょう》は銀行や不動産業、玩具《がんぐ》メーカーなどさまざま。また、この学部の学生は人間（子ども）に対する学びをしていたので、仕事上で一番大切な責任感やコミュニケーション能力にも長《た》けている。大学の授業や実習などで培《つちか》った知識や考え方は、保育や幼稚《ようち》園《えん》といった現場以外の職場にも応用できるよ。

卒業生たちは保育や教育、社会福祉《ふくし》の現場で活躍《かつやく》

Q18 子ども学部で取りやすい資格を教えてください

幼稚園《ようちえん》教諭《きょうゆ》・保育士・保育教諭《きょうゆ》

子ども学部をめざしている人たちのほとんどが、将来は幼稚園《ようちえん》の先生や保育士、保育教諭《きょうゆ》になりたいと思っているんじゃないかな。

実際に幼稚園《ようちえん》の先生や保育士、保育教諭《きょうゆ》として働くためには、それぞれ資格を取得しなければならないんだ。

幼稚園教諭《ようちえんきょうゆ》になるためには、文部科学省認定の教職課程のある大学の子ども学科や児童学科などで教職課程を履修《りしゅう》し、所定の単位を修め、文部科学省に免許《めんきょ》取得申請《しんせい》をすると、幼稚園教諭《ようちえんきょうゆ》一種免許状《めんきょじょう》がもらえる。特に国家試験を受ける必要はないよ。ただし公立幼稚園《ようちえん》に就職する場合は、各自治体の採用試験を受けなければならない。合格して採用されると、身分は公務員となるんだ。私立幼稚園《ようちえん》の場合は各幼稚園《ようちえん》の採用試験を受ける。

保育士になるには、大学の児童学科や子ども学科（厚生労働大臣が指定する「指定保育

士養成施設《しせつ》」）などで、保育士になるための所定の教科を履修《りしゅう》し、修了《しゅうりょう》すると保育士資格を得ることができる。取得後に各都道府県の保育士登録簿《とうろくぼ》に登録すると、保育士として働けるんだよ。公立保育園に就職する場合は、公立幼稚園《ようちえん》同様に各自治体の採用試験を受け、合格すると公務員の身分となる。私立保育園の場合は募集《ぼしゅう》をしている、各保育園の採用試験を受けることになるよ。

認定こども園は保育園と幼稚園《ようちえん》の両方の要素、教育と保育を一体的に行う施設《しせつ》。「就学前の子どもに幼児教育・保育を提供する機能」と「地域における子育て支援《しえん》を行う機能」を備え、基準を満たした施設《しせつ》は都道府県などから認定を受けることができるんだよ。認定こども園の保育教諭《きょうゆ》は、原則として幼稚園教諭免許状《ようちえんきょうゆめんきょじょう》と保育士資格の両方が必要とされるけど、この二つの資格は先にも書いた通り、子ども学部で取得できる資格なんだ。

子どもの心や福祉《ふくし》に関係する資格

特別支援《しえん》学校教諭《きょうゆ》は知的障がいのある子ども、肢体《したい》不自由な子ども、病弱な子どもなどのサポートをする。特別支援《しえん》学校教諭《きょうゆ》の資格は、所定の単位を履修《りしゅう》してから各都道府県の教育委員会に申請《しんせい》をする。また、幼稚園教諭《ようちえんきょうゆ》一種免許状《めんきょじょう》（小学校教諭《きょうゆ》一種免許《めんきょ》状《じょう》）をあわせて取る必要もある。現在は、小学校以上の学校で増えつつあるＬＤ（学習障がい）や、ＡＤＨＤ（注意欠陥《けっかん》・多動性障がい）がある児童の指導も多くなっているんだ。近年では、幼稚園《ようちえん》や保育園でもＡＤＨＤの子どももおり、特別支援《しえん》学校教諭《きょうゆ》のニーズも増えているというよ。

資格には「任用資格」というものもある。これは、特定の職業などに就く場合に必要な資格のこと。

子ども学部で取得できる任用資格にはつぎのものがある。福祉《ふくし》事務所で高齢《こうれい》者・障がい者支援《しえん》を行う社会福祉《ふくし》主事、児童相談所の児童福祉司《ふくしし》、児童養護施設《しせつ》で子どもたちの世話をする児童指導員、教育委員会の事務所に置かれる社会教育に関する専門職員・社会教育主事など。

児童心理学を修めた学生は認定心理士、

子ども学部で取得できる資格

取得できる資格

- 保育士資格
- 幼稚園教諭一種免許状
- 特別支援学校教諭一種免許状
- 認定心理士
- 認定ベビーシッター資格
- スクールソーシャルワーク教育課程修了証

任用資格

- 社会福祉主事
- 児童福祉司
- 児童指導員
- 社会教育主事

受験資格

- 臨床美術士５級
- ダルクローズ・リトミック免許 エレメンタリー（初級）
- 社会福祉士（国家試験）

「日本学校心理士会」に加盟している大学で、所定の単位を取ると卒業と同時に准《じゅん》学校心理士（資格有効期間は認定後3年間）の資格を得ることができる。また、臨床《りんしょう》美術士5級の受験資格も得ることができる学校もあるよ。

子どもたちが日常生活や学校でかかえている問題、たとえば虐待《ぎゃくたい》、ネグレクト、いじめなどの問題に対応する専門職がスクールソーシャルワーカーだ。スクールソーシャルワーカーになる前段階として、課程認定に必要な科目を履修《りしゅう》すると、スクールソーシャルワーク教育課程修了《しゅうりょう》証を得ることができる。これは資格とはいえないが、スクールソーシャルワーカーにならなくても、保育園や幼稚園《ようちえん》でも活かせる知識が学べる。

大学で取得できる一般的《いっぱんてき》な資格

文学部や経済学部など他学部で取得できる博物館学芸員や図書館司書などの資格を、子ども学部でも得ることができる。実習やピアノの練習など忙《いそが》しい毎日を過ごしている子ども学部の学生たちだけど、図書館司書の資格を取る人も、一定数はいるようだよ。

子どもに関するさまざまな資格の取得ができる

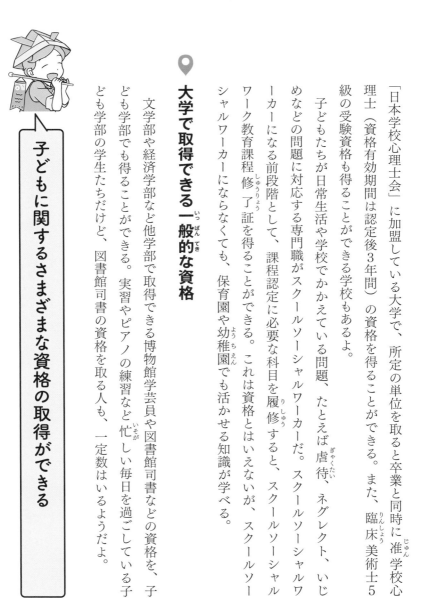

Q19 意外な仕事でも活躍している先輩はいますか？

どこかで大学の専攻《せんこう》とつながる職業を選択《せんたく》

大学の4年間は授業や実習、サークル活動などで忙《いそが》しいけれど仲間と楽しい時間を過ごせる貴重な日々だ。その一方で、卒業後の進路・職業に悩《なや》む期間でもある。

子ども学部に入学したものの、保育士や幼稚園《ようちえん》の先生は自分には向いていないのかもと考える人もいれば、幼児教育や保育以外の分野に興味をもった、という学生がいてもおかしいことではない。

数字で見ると子ども学科・児童学科などで学んだ約60～80％（大学により異なる）の卒業生が、保育士や幼稚園教諭《ようちえんきょうゆ》になるという。残りの約20～40％の就職先で、学校で学んだこととはまったく異なる職業を選ぶ人は、各大学とも案外少数。一般企業《いっぱんきぎょう》にしても、やはり子ども関連の会社を選ぶ傾向《けいこう》がある。

だからここでは、意外な仕事というより、「保育士・幼稚園教諭《ようちえんきょうゆ》以外の仕事でも活躍《かつやく》し

ている先輩《せんぱい》はいますか？」ということで話を進めたいと思う。

地方公務員の福祉《ふくし》職で子どもや保護者をバックアップ

都道府県庁などで地方公務員の福祉《ふくし》職として、働いている先輩《せんぱい》もいるよ。子ども学部の学生は面倒見《めんどうみ》もよく、人の役に立ちたいとか困っている人を助けてあげたいとか、奉仕《ほうし》の精神をもっている人も多いので、公務員のなかでも福祉《ふくし》職を選ぶのは納得だね。

公務員の福祉《ふくし》職は社会福祉《ふくし》行政の専門職として仕事を行い、行政職とは別に採用されるんだ。ただし、自治体によって配属先や仕事内容が若干異なる場合もあるようだよ。

たとえば東京都の社会福祉《ふくし》行政は東京都福祉《ふくし》局Ⅰ類Bという名称《めいしょう》の部署で、児童相談所・児童相談所一時保護所・児童自立支援施設《しえんしせつ》・療育《りょういく》センターなどに配属される。採用試験は社会福祉士《ふくしし》、精神保健福祉士《ふくしし》、保育士、児童指導員、児童自立支援《しえん》専門員のいずれかの資格を有することが条件。学校で取得した資格が生きてくるよ。

また、就職をしてから養護相談、育成相談、知的・身体障がい相談などの対応を行う際に、大学で学んだ知識が仕事に直接、役立つことも多いという。

こうした福祉《ふくし》系ではなく、国家公務員の一般《いっぱん》職や地方公務員上級の採用試験を受けて、国や自治体などに就職する人ももちろんいるよ。

子どもに関係する仕事

卒業生のなかには保育園の実習中に、「おもちゃや知育玩具《がんぐ》が子どもの成長に大きくかかわるのでは」と興味をもち、就職活動をおもちゃ・知育玩具《がんぐ》メーカーに絞《しぼ》った人もいるんだ。インターンを行っている会社を探して参加したり、おもちゃショーなどの展示会を訪れて説明を聞いて回ったりして業界リサーチをしたそうだ。また、知育玩具《がんぐ》をつくっている会社に、社員を募集《ぼしゅう》していないか何件も問い合わせをし、現在は、そのなかのひとつの会社に入り営業企画《きかく》部で、市場のマーケティングをしたり自社の商品をどう販売《はんばい》するかを考えたりしているそう。

将来の希望は、新しい商品を考える企画《きかく》部に移り、安全で子どもが笑顔《えがお》になるような、知育玩具《がんぐ》を制作したいというよ。また、子ども服のメーカーや、子ども服を販売《はんばい》する店舗《てんぽ》の販売《はんばい》員として就職する人たちもいる。

子どもの写真を専門に撮影《さつえい》するカメラマンとして、スタジオで活躍《かつやく》している卒業生のことも紹介《しょうかい》しよう。大学での学びを保育園や幼稚園《ようちえん》以外でも活かしたい、と考えてあえて就職活動は一般《いっぱん》企業《きぎょう》を中心に行ったそうだよ。もともとカメラに興味もあって、今の仕事に就いたというんだ。大学時代の実習などで子どもの扱《あつか》いに慣れているせいか、笑顔《えがお》を上手に引き出してくれるカメラマンとして、指名されることもあるとか。撮影《さつえい》した写真も好評だというよ。

子ども学科での写真や映像表現の授業に興味をもち、最終的にテレビ局の番組制作をする部門のディレクター職で就職した、という人もいたよ。

さまざまな業界に就職

一般企業《いっぱんきぎょう》か保育士・幼稚園教諭《ようちえんきょうゆ》か、まだ決めかねている人のなかには、2年次から企業《きぎょう》のインターンシップに参加する人もいるよ。保育以外の仕事の現場を見ておくのも、経験値が積めて無駄《むだ》にはならないと思う。

子ども関連の会社以外では、総合職や営業職で不動産や銀行・生命保険・損害保険など金融《きんゆう》関連の会社にも、人数的に多くはないけれど毎年就職する学生がいる。IT企業、飲食、スポーツクラブ、旅行代理店など、一般企業《いっぱんきぎょう》に就職する人の業界は、本当にさまざまだよ。

公務員や一般企業《いっぱんきぎょう》で大学の学びを活かす人もいる

日々の経験を活かして子どもたちの興味を伸ばす

卒業生インタビュー 1

聖徳大学附属幼稚園《せいとくだいがくふぞくようちえん》

聖徳大学《せいとくだいがく》児童学部児童学科幼稚園教員・保育士養成コース（現・教育学部児童学科）卒業

宮倉希沙《みやくらきずな》さん

聖徳大学附属《ふぞく》幼稚園の教諭《きょうゆ》になって２年目。試行錯誤《しこうさくご》を重ねながら子どもと向き合う毎日で、特にあいさつやお箸《はし》の持ち方は、お手本となるよう心がけている。

好印象だったオープンキャンパス

高校時代の友人が保育系の大学への進学を目標にしていて、話を聞くうちに子どもとかかわる仕事もいいな、と考え始めました。小さい頃《ころ》からピアノを習い、物をつくることも好きなことに加え、中学校・高校と、幼稚園《ようちえん》、保育園での職業体験も通して保育に向いているかもしれないと思うようになりました。

保育系の大学はどんなところか知ろうと、聖徳大学のオープンキャンパスに参加しました。オリジナルの絵本や人形劇のパペットをつくる授業があり、「保育の現場でこういう作品を使ったら、子どもたちが喜ぶだろうな」と、その姿が目に浮《う》かびました。在校生の姿や見学した授業内容も自分に合っていて、聖徳大学に入りたいと思いました。

先生は子どものお手本となるように

4年間いろいろな科目を学びましたが、私が好きだったのは「児童文化演習」という授業です。自分たちで人形をつくり、各グループでストーリーや効果音・音楽も考えて人形劇を発表します。なによりこの授業は、今の保育の現場でも役立っている、と感じました。

役立っているといえば、聖徳には「小笠原《おがさわら》流礼法基礎《きそ》講座」があります。スーツを着た状態でのお辞儀《じぎ》の仕方やお箸《はし》の持ち方など、一《いっ》般的《ぱんてき》な礼儀《れいぎ》作法を一から教えてもらいます。

幼稚園《ようちえん》の先生は、子どもの手本となる立場です。大学で礼法の基礎《きそ》を学び、あいさつの仕方やお箸《はし》の持ち方はきちんとできていると思います。それでも子どもたちの前に立つ時は、意識して気をつけるようにしています。

就職は悩《なや》んだ末に幼稚園《ようちえん》へ

就職活動は4年生の秋あたりから始めました。園と連絡《れんらく》を取って見学をさせてもらったり、就職合同見学会があって、いろいろな幼《よう》稚《ち》園《えん》、保育園、認定こども園の話を聞いたりします。それぞれの園で力を入れていることも、教育方針も違《ちが》うため、自分の考えている保育に近い園に応募《おうぼ》するといった感じです。

私は公務員保育士試験も合格していて、保育園に就職するか、幼稚園《ようちえん》に就職するか迷っていました。はじめて実習した附属幼稚園《ふぞくようちえん》がいいのか、これからの時代は保育園なのかな、とも考えました。

でも、やっぱり幼稚園《ようちえん》の先生になりたい、という気持ちが強くて、聖徳の附属幼稚園《ふぞくようちえん》に就職することにしました。

子どもたちの興味が広がる保育を

聖徳の附属幼稚園《ふぞくようちえん》は1年目でも一人で担任をもちます。私は1年目から5歳《さい》児年長組の担任をしています。大学で勉強したこと、実習で経験したことを活かして、自信をもって子どもたちに向かい合うようにしています。

最近、遠足で葛西臨海水族園《かさいりんかいすいぞくえん》に行き、子どもたちはさまざまな魚を見てきました。預かり保育（延長保育）の時間に紙にマグロの絵を描《か》いている子どもがいたと、ほかの先生から聞きました。教室ではあまりそういう絵を描《か》いたりしない子どもなので、新たな一面だなと思いました。クラスでもその活動をしたいと思い、大きい段ボールを使ってみんなでクロマグロをつくりました。今は保育室の装飾として天井からつるしてあります。

また、先日チーバくん（千葉県のマスコットキャラクター）が幼稚園《ようちえん》に遊びに来たんです。今チーバくんを段ボールでつくっている途中《とちゅう》です。当日お休みした子どもがいっしょに写真を撮《と》れなかったので、みんなでつくって写真を撮《と》ろうと、張り切っています。経験したことは保育の中にどんどんつなげていこうと考え、チーバくんは千葉県の形をしているので、日本地図で千葉県の形を見せて「幼稚園《ようちえん》の場所はどこかな？」と、地図に対する興味を引き出すようにしました。今ではクラスのみんなが自分の住んでいる場所を見つけています。

みんなが笑顔《えがお》になる曲を

私は小さな頃《ころ》からピアノを習っていたので、ピアノを弾《ひ》くことが大好きです。やっぱり自

ピアノの伴奏に合わせて、子どもたちが楽しんで歌います　取材先提供

分が弾《ひ》くピアノに合わせて、子どもが歌ってくれるのはとてもうれしいです。

最近はよく「幸せなら手をたたこう」を歌います。クラスに「ママに会いたい」と泣いている子どもがいた時、みんなが笑顔《えがお》になれる曲は何だろうと考えたら、この曲が浮《う》かびました。みんな自由に踊《おど》ったりしながら、とても楽しんで歌ってくれます。歌う順番を変えたりして、ひとつの曲もいろいろ変化をつけて、楽しめるように工夫しています。今後の目標は、外遊びを増やすことです。今の子どもたちは家に帰ってからも外遊びは少ないんです。研修の時にネイチャーゲームを学んだので、土の感触《かんしょく》を経験したりできるような、遊びを取り入れていきたいと思っています。

先生はかわいい子どもの成長を見ていける、とてもすてきな仕事だなと思っています。

卒業生インタビュー 2

子どもがグッと成長した瞬間に立ち会えるうれしさ

わらしこ第《だい》2保育園《ほいくえん》

白梅学園大学《しらうめがくえんだいがく》子ども学部子ども学科卒業

岩《いわ》本《もと》草《そう》平《へい》さん

子ども好きで中学生の頃《ころ》も、地域の小さな子たちを集めて遊んであげたり、面倒《めんどう》を見てあげたりしていた。高校時代はサッカー部、大学時代はフットサル部に所属。

著者撮影

現場で役に立つ授業が多い

高校1、2年生の頃《ころ》から、保育関係を学べる大学を探し始めました。いくつか候補になった大学はありましたが、白梅学園大学を選びました。自宅から通える範囲《はんい》にあり、保育の分野では名の知られた大学だったからです。その頃《ころ》の学長は教育者として有名な汐見稔幸《しおみとしゆき》さんでしたから、しっかりとした教育を受けることができるだろうと考えました。

　また当時は、幼稚園教諭《ようちえんきょうゆ》、小学校教諭《きょうゆ》、保育士の三つの免許《めんきょ》や資格が取れる学部だったので、それも魅力《みりょく》でした。子ども学部は、基本的には保育の資格を取る学部ですので、保育に関するさまざまなことを学びました。

　今でも印象に残っているのは、「子どもの発達」についての授業です。すごく厳しい先生でしたね。

「子どもの発達でこういうことを理解していないと、保育士としてどう活動を組んでいいかわからないよ」など、しっかりと指導してもらいました。

実際の現場では先生の教えが役に立つ場面が多く、厳しかったけれどためになることを言ってくれていたんだ、と実感しています。

保育現場に行った時に、役立つ授業はほかにもたくさんありました。実践的《じっせんてき》な授業が多いのは、子ども学科ならではだと思います。たとえば絵本の読み聞かせをして、ほかの人に感想を言ってもらうとか。学校の敷地《しきち》内の虫を観察してスケッチしたり、草花を採ってきて調べて押《お》し花にしたり。机上の授業だけでなく、実際に自分で体験するワーク型授業が多かったですね。

直感で決めた就職先

卒業して、私立の「わらしこ第2保育園」に保育士として採用されました。最初は公立の保育園も考えましたが、地方自治体が運営する公立は、あらかじめ決められた保育計画があって、それに準じた保育をします。

私は自分でつくり上げていく保育がしたいと思っていたので、独自の方針で保育をしている保育園のほうが合っているのかなと思いました。ですから、そういう園を探して、ひたすら一軒一軒《いっけんいっけん》、近隣《きんりん》の保育園のホームページを見ていきました。「いいなあ」と感じる園はないかなと。それがこの園だったんです。

ホームページのトップの画面が、落ち葉に埋《う》もれている子どもたちの写真だったんです。「もうここだ！」と直感です。このように、自然の中でのびのびと遊ばせてあげる保育園って「いいなあ」と思い、試験を受けようと決めました。採用試験は筆記と面接で、幸いに合格して今に至ります。

クラスはもたずに副主任の仕事を

保育園では副主任の仕事をしています。現場と上司たちとの間となるパイプ役です。クラスの担当の保育士に助言したり、相談に乗ったりもします。職員のシフト表をつくったり、自治体からくる書類を作成したりもしていますし、地域の人が、園を見学したいと申し出をしてきた時は対応もします。

また、クラス担任の保育士がお休みの時は、私が代わりに入って、その日のクラス運営をします。現在、担任はもっていないので、補助で現場に入るんです。実は今日も、補助としてクラスに入り、午前中に芋《いも》ほりへ行ってきたんですよ。今まで中心となって芋《いも》ほりの準備をしてきたんです。3、4、5歳《さい》児の3クラスがありますが、順番にバスで畑まで行ってサツマイモをほりました。子どもたちは笑顔《えがお》で、楽しそうでしたよ。

子どもっておもしろい

過去には1歳《さい》からもちあがり、年長さんの5歳《さい》まで、同じ子どもたちを担当しました。

一番上の年長の時に、ドアを横向きに置いて高い壁《かべ》にしてよじ登り飛び越《こ》える、という活動をしました。壁《かべ》は高いから子どもは怖《こわ》いんです。登れない子もいたし、登ったけど降りられない子もいました。子どもなりに自分と向き合って、怖《こわ》さを乗り越《こ》えていくという年長の活動なんです。

子どもたちが成長した瞬間がすてきなんですよ　取材先提供

女の子の一人に、小さな頃《ころ》から自信がなくて引っ込《こ》み思案の子がいました。ところがその子が、壁《かべ》を登り切って降りることができたんです。そこから性格がガラッと変わりました。みんなの前で発言したり、歌も堂々と自信をもって歌えるようになったり。ひとつの成功経験が、彼女《かのじょ》の中で大きな宝になったのです。大人が手を差し伸《の》べてしまうと、この自信は生まれなかったと思います。

課題を克服《こくふく》した時に、子どもってすごく成長するんです。成長した瞬間《しゅんかん》に立ち会えると感動しますよ。それも、自分が考えて用意した活動で、子どもが変わることができたってうれしいですよね。

いろいろな保育士がいますが、各自の得意を活かして、保育士みんなで子どもを育てていければいいなと思っています。

子どもの患者と医療者の間に立つ病棟保育士

卒業生インタビュー 3

東京医科大学病院《とうきょういかだいがくびょういん》　小児科病棟保育士

東京家政大学《とうきょうかせいだいがく》子ども学部子ども支援学科（現・子ども支援学部子ども支援学科）卒業

栗生真帆《くりゅうまほ》さん

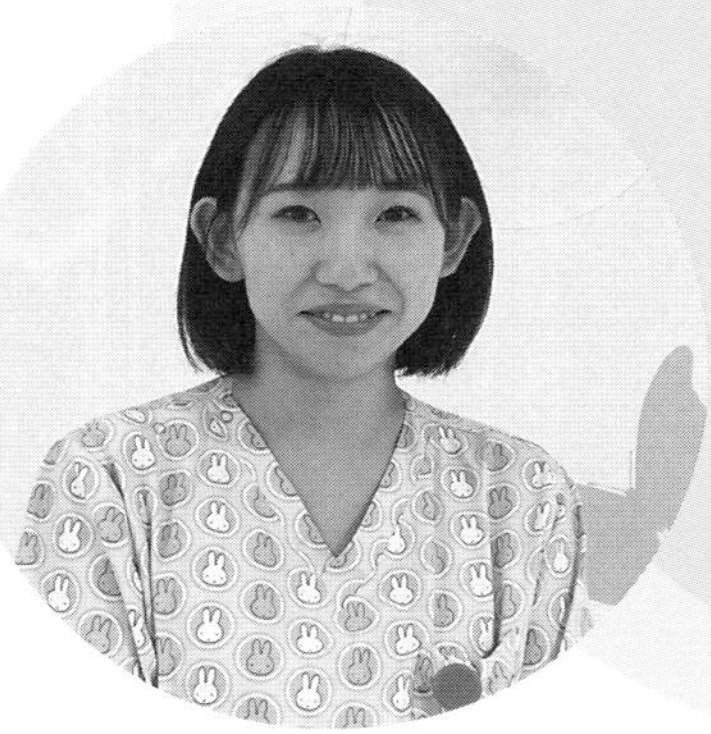

小学校6年生の文集に「保育士になりたい」と書いていたそう。高校の頃《ころ》は好奇《こうき》心旺盛《しんおうせい》で、なんにでもトライしてみたいタイプだった。

チャイルド・ライフ・スペシャリスト

高校生の時にテレビで「チャイルド・ライフ・スペシャリスト」（医療環境下《いりょうかんきょうか》の子どもや家族に、心理・社会的支援《しえん》を提供する専門職）という特集番組を放映していました。その特集を見て、「私のやりたいことってこれかも」と思ったのです。ただ、いろいろ調べてみたら、この資格はアメリカの大学に4年間留学しないと取れない。アメリカの大学に今、行くのはハードルが高すぎる。まずは保育士の資格を取ろうと、大学を探しました。

そうしたら「医療《いりょう》のこともわかる保育士」がキャッチフレーズの東京家政大学・子ども学部を見つけました。内容的には興味があったのですが、新設学部なので一期生になります。不安はありましたが、結果的にはこの学部を選択《せんたく》して大正解でした。

医療《いりょう》と保育をすごく意識していたので、3年生のゼミは小児科医が担当教授のゼミに入りました。大学では保育系の先生から教わると思っていたので、医師の先生にはびっくりしました。子どもの患者《かんじゃ》の映像を見せてくれ、実例を基に学べたことが記憶《きおく》に残っています。特に印象深いのは、学科全員で訪れた栃木《とちぎ》県にある小児病院の見学実習です。医《い》療《りょう》保育学会の役員の方（現副理事）がその病院で働いていて、お話をうかがいました。

小児病棟《びょうとう》を見るのははじめてで、小児用集中治療《ちりょう》室もありました。とても小さな子が入院しているのを目の当たりにして、机上の勉強だけでは足りないことや、制約のあるところで過ごしている子どもたちがいることを実際に知れた実習でした。

病棟《びょうとう》保育士になるために

私は病棟《びょうとう》保育士をめざしたのですが、就職の枠《わく》が狭《せま》い上に、経験を求められます。新卒の学生は、健常児しか知らないので雇《やと》ってもらえません。そこで経験を積むために、大学3、4年生では子ども病院でボランティアをして、就職は病院内にある職員の子どもを預かる保育園を探しました。病棟《びょうとう》保育士に採用される実績となるように、縦割りで0〜6歳《さい》までいて病児保育もやっている保育園です。

2年間働いて保育士としての実績を積んで、病棟《びょうとう》保育士に転職しました。東京都の小児科一覧を見ながら電話をかけて、病棟《びょうとう》保育士の職員を募集《ぼしゅう》してないか尋《たず》ねて、ひとつずつあたっていきました。今考えても、熱意がないと病棟《びょうとう》保育士になれなかったなと思います。

入院中の子どもの心を支える保育士

今の仕事は、入院中の子どもたちのストレスを軽減したり、闘病《とうびょう》意欲を引き出したり、遊びを通して子どものQOL（クオリティー・オブ・ライフ）を向上させたりします。病棟《びょうとう》内のプレイルームでは、集団保育や個別保育をします。動けない子にはベッドサイド保育をします。医師の許可がないとプレイルームでは遊べないのです。食事の介助《かいじょ》やおむつ替《が》え、授乳もしますし、精神的な家族支《し》援《えん》、学童には学習支援《しえん》もします。

入院は特殊《とくしゅ》な環境下《かんきょうか》なので、子どもらしさを失ってしまう子が多く、たとえば2歳《さい》児でも突然《とつぜん》性格が変わってしまう、ご飯を食べなくなってしまう。医師に聞かれても何も話さない子もいて、私たちが介入《かいにゅう》し、遊びを取り戻《もど》すと子どもらしさも取り戻《もど》します。子どもにとって遊びは必要不可欠なのです。

プレイルームにいる時だけは、病院にいることを忘れてくれるのです。子どもらしくはしゃぐ子もいます。ぽろっと「注射が怖《こわ》い」とか「学校に行くのが不安」と、本音を言ってくれる子もいます。保育士とは話すけれどほかの医療《いりょう》者とは話さない子もいるので、医師と情報共有しながら協働しています。

退院しても訪ねて来てくれる子どもたち

退院してからも、通院のたびに会いに来てくれる子もいます。お母さんに「病院の中でも楽しいと言って過ごせたのは保育士さんのおかげです」と言われるとうれしいですね。

入院していた子はどの子も記憶《きおく》に残ってい

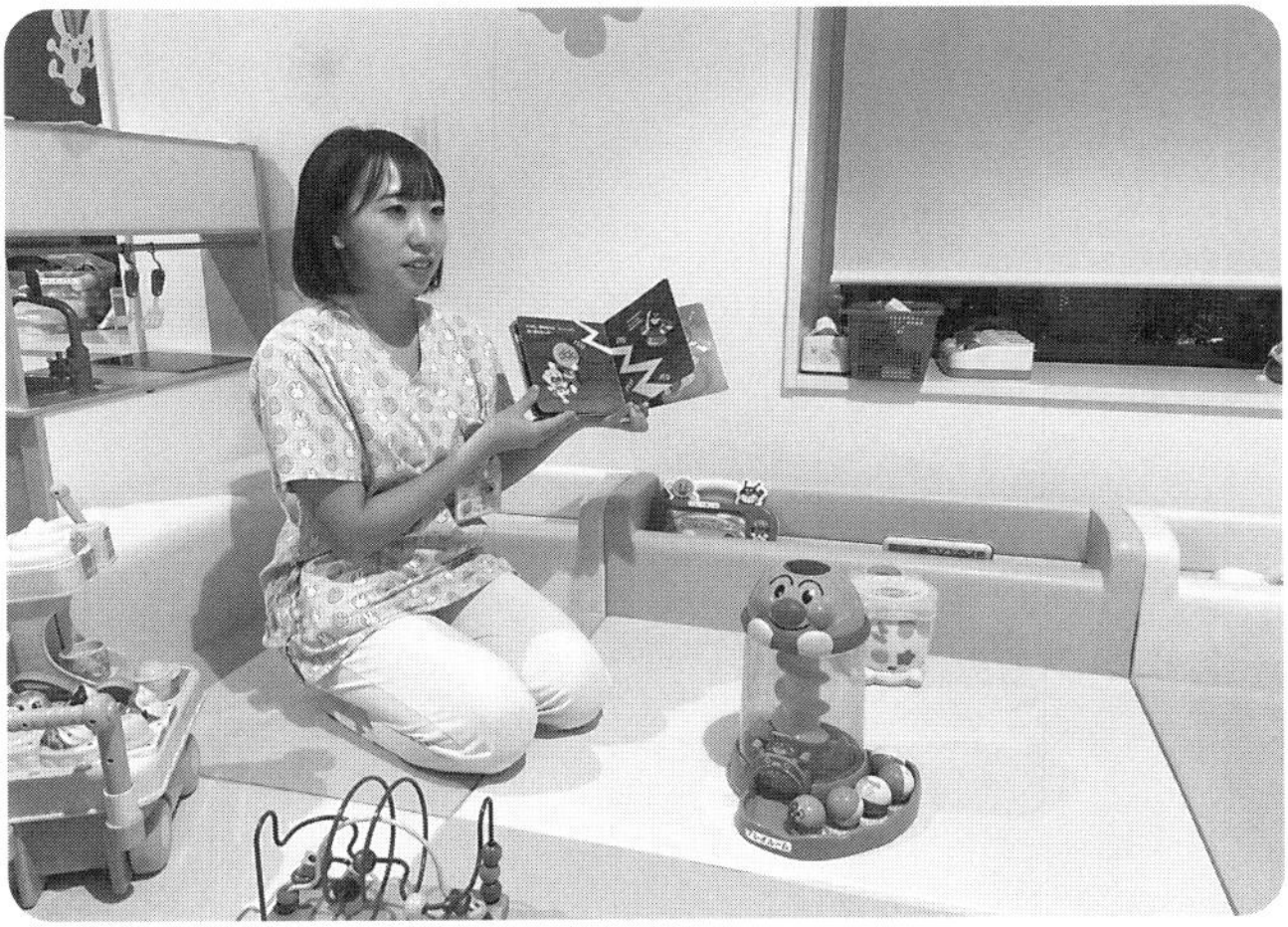
通常の保育のように絵本の読み聞かせもします

ます。最近だと、レジンでキーホルダーをつくってくれた子がいました。もう退院した子ですが重い難病を患《わずら》っていました。入院当初は塞《ふさ》ぎ込《こ》んでいて部屋からも出ず、会話もしてくれません。とにかく毎日、病室に行って声をかけ続けました。そのうちに少し話してくれるようになり、最終的にはプレイルームにスキップしてくるほどに。退院してからも毎月、通院のたびに会いに来てくれます。帰る時にお手紙をくれて、そこに「当時自分がつらくて、会話できなかった時も毎日来てくれたことがうれしかった」と書いてあったのです。こちらのほうがうれしいですよね。

入院中の子どもたちが最初に心を開くのは、遊びをくれる保育士のことが多いです。子どもたちと医療《いりょう》者の間に立つ者として、医療《いりょう》との架《か》け橋になれたらと思っています。

卒業生
インタビュー
4

今後チャレンジしたいのは
教育と福祉の橋渡しをすること

上越教育大学大学院《じょうえつきょういくだいがくだいがくいん》特別支援教育領域　1年生
長野県立大学《ながのけんりつだいがく》健康発達学部こども学科卒業

井《い》村《むら》宇《たか》志《し》さん

取材先提供（以下同）

大阪府《おおさかふ》出身。５歳《さい》の時に父親の転勤で長《なが》崎《さき》県へ。高校時代はバレーボール部、生徒会長として活躍《かつやく》。現在は障がいのある子どもの支援《しえん》を学ぶため大学院に在学中。

自分は幼稚園《ようちえん》の先生に向いているかも

中学校の職場体験ってありますよね。僕《ぼく》は自分が出た幼稚園《ようちえん》に行きました。小さな子どもはもともと好きでしたが、初日はさすがに不安でしたし緊張《きんちょう》もしていました。

実際に幼稚園《ようちえん》に行ったら子どもたちは懐《なつ》いてくれて、ご飯もいっしょに食べようと声をかけてくれます。遊びの時には手をつないでくれるんです。子どもたちが歓迎《かんげい》してくれているのがわかって、すごくうれしかった。たった3日間でしたが、最後の日はみんなすごく寂《さび》しそうな顔をしてくれました。僕《ぼく》にとってはめちゃくちゃ楽しい職場体験でした。

この時、僕《ぼく》は幼稚園《ようちえん》の先生に向いているのではないかと思いました。それからずっと幼《よう》稚園《ちえん》の先生があこがれの職業になりました。

4年制大学で幼児教育を学びたい

幼児教育が学べる専門学校も選択肢《せんたくし》のひとつですが、僕《ぼく》は4年制の大学で学びたいと考えていました。大学を探している時に長野県立大学を知り、長崎からオープンキャンパスに行き、この大学を受験しようと心を決めました。ここは元県立短大で、4年制大学を新設し移行した大学です。僕《ぼく》たちが二期生という新しさも魅力《みりょく》でした。

長野県立大学では保育士資格と幼稚園《ようちえん》教諭《きょうゆ》一種免許状《めんきょじょう》が取得できます。乳児保育授業では赤ちゃんの沐浴《もくよく》体験、重りの入ったリュックをお腹の前でかかえ、妊婦《にんぷ》体験もしました。

特に印象に残っているのは「演劇」の授業です。こども学科は40人いるのですが、それを8人ほどのグループに分けます。各グループで劇をつくって最終授業で発表します。テーマを決め、けん玉やおもちゃを使いながらセリフも少しつけたりして劇をしました。練習中のようすをビデオに撮《と》って、見ながら意見を言い合い、みんなで協力してつくり上げました。かけがえのない時間で同じグループの仲間ともすごく仲よくなりました。保育の現場でも先生同士の協力が必要です。演劇を通した授業でチームワークを学び、コミュニケーション能力を養えた実感があります。

大学の特徴《とくちょう》として1年生全員が寮《りょう》に入ります。同室には別の学部の仲間もいます。経営、経済と僕《ぼく》らと全然違《ちが》う勉強をしているので、話すのが楽しくて、いい友だちになりました。

アルバイトで影響《えいきょう》を受けたこと

今、大学院に入って特別支援《しえん》教育について

勉強をしています。大学院でさらに勉強したいと思ったのは、大学時代のアルバイトの経験からなんです。

　大学1年生の夏に同じ学科の友人から紹《しょう》介《かい》してもらって、障がいのある子どもたちが来る「放課後等デイサービス」という児童福《ふく》祉《し》施設《しせつ》で、大学4年生までアルバイトをしていました。僕《ぼく》は早いうちに大学院の進学を決めていて、時間がありましたので、ほぼ毎日施設《しせつ》のアルバイトに行っていました。

　アルバイトで障がいのある子どもと接しているうちに、彼《かれ》らの支援《しえん》をしたいという気持ちがだんだん強くなってきました。特別な支《し》援《えん》が必要な子どもって実はたくさんいるんですよ。そういう子たちのための支援《しえん》の方法をもっと勉強したいなと、実際の現場にふれることで思うようになったのです。

特別支援《しえん》教育を学ぶために大学院へ

僕《ぼく》は今、大学院の「発達支援《しえん》教育実践《じっせん》研究コース特別支援《しえん》教育領域」に在籍《ざいせき》しています。加えて小学校教諭《きょうゆ》の免許《めんきょ》を取る予定です。

　特別支援《しえん》教育領域は、「視覚障がい者、聴《ちょう》覚《かく》障がい者、知的障がい者、肢体《したい》不自由者または病弱者（身体虚弱《きょじゃく》者を含《ふく》む）」の5領域があります。その指導法や心理面、授業づくりを勉強しています。

　特別支援《しえん》学校に就職する場合、幼児から高校生まで、幅広《はばひろ》い年齢《ねんれい》層の子どもを対象とするため網羅《もうら》して学んでいます。

　今は、発達障がいの子どもがすごく増えています。それにともなって支援《しえん》学級も増えているのですが、先生の数が足りません。発達障がいなどの専門知識がない先生が配属され

模擬授業のようす

ていたり、補助員は先生の資格をもっていなかったりすることもあり、問題や課題は多いと思います。

この大学院に進学した一番の理由は、障がいのある子どもの支援《しえん》をしたいから。特別支《し》援《えん》学校で働きたいとか幼稚園《ようちえん》で働きたいとか、明確な目標はまだ定まっていません。特別支《し》援《えん》教育についてきちんと学びながら、自分に合う職場を見つけようと思っています。最近は児童養護施設《しせつ》でアルバイトを始めたこともあって、福祉《ふくし》のほうにも興味は向いています。

挑戦《ちょうせん》してみたいことは、「教育と福祉《ふくし》の橋《はし》渡《わた》し」です。大学では福祉《ふくし》を、大学院では教育を勉強していますが、子どものためといいつつも、たがいのズレというか違和感《いわかん》があるのです。子どもにとって最善となるような教育と福祉《ふくし》を考えて実践《じっせん》してみたいですね。

5章

子ども学部をめざすなら何をしたらいいですか？

Q20 子ども学部のある大学の探し方・比べ方を教えてください

まずはインターネットで情報集め

保育士、幼稚園《ようちえん》教諭《きょうゆ》や保育教諭《きょうゆ》になりたいとか、子ども学関連の勉強に興味をもっている人が今この本を手にしているのだと思う。

子ども学は、「子ども学科」「児童学科」（コースを選択《せんたく》する学校もある）「保育科」「保育学専攻《せんこう》」や、教育学部・教育文化部などの「教員養成課程／幼児教育専攻《せんこう》」といった学科で学べるんだ。

こうした学科がどの大学にあるかは、インターネットで手軽に調べることができる。「子ども学科　大学」とか「児童学科　保育学科　大学」と打ち込《こ》み、検索《けんさく》をすると幼児教育や子ども学に関係する分野がある、大学の学科のリスト化された情報が得られるよ。

受験校を選ぶにあたり、国公立か私立か自分の学力に相応しい大学か、取得したい資格が取れるか、卒業後の就職実績なども調べることができる。また、自宅から通学できる範《はん》

囲《い》とするのか、自宅を離《はな》れて一人暮らしをするのかなど、ある程度、条件を決めて絞《しぼ》っていこう。

候補となる大学がリストアップできたら、公式ホームページにアクセス。今はどの大学も充実《じゅうじつ》した内容のホームページを作成している。

たとえば、一般選抜《いっぱんせんばつ》・学校推薦《すいせん》型選抜《せんばつ》・総合型選抜《せんばつ》などの入試情報や、各種奨学金《しょうがくきん》、オープンキャンパスの開催《かいさい》日、在校生や教授のインタビュー動画など受験生向けの情報も盛沢山《もりだくさん》なんだよ。特に入試に関しては早めの情報収集が重要。高校の選択《せんたく》科目にかかわることもあるからね。

ほとんどの大学のホームページから、デジタルパンフレットもダウンロードすることが可能だよ。また、SNSで学校の情報を発信しているところもあるから、そちらも要チェックだ。複数の受験候補の大学が決まったら、それぞれの大学のメリット・デメリットを把握《はあく》して自分に適した大学を絞《しぼ》り込《こ》んでいこう。

大学の雰囲気《ふんいき》を感じることができるオープンキャンパス

受験を希望する大学に直接行くことが可能なら、大学の施設《しせつ》を公開するオープンキャンパスへの参加をおすすめする。オープンキャンパスは、大学の雰囲気《ふんいき》を肌《はだ》で感じることができる。早いところでは3月ぐらいから始める学校もあるけれど、ほとんどは6月あたりの初夏ぐらいから始まる。予約制や登録制にしている学校もあるので、早めにホームページで日程や予約の有無を確認して。受験を希望する生徒が多い人気のある大学は、すぐに予約が埋《う》まってしまうよ。

オープンキャンパスでは、授業でオリジナルの絵本の作成や、人形劇の動物のパペットをつくっているところを見学したり、ピアノの練習をしている姿を見られたりする大学もあるんだ。在学生が案内する校内の教室や図書館、学食・カフェなどの施設《しせつ》をめぐるキャンパスツアーもある。学部長や教授から教育方針やカリキュラム、入試に関する説明なども聞くことができるよ。在学生が質問に答えてくれるコーナーでは、キャンパスライフのようすや授業のことも聞ける。入試のことも遠慮《えんりょ》しないで聞いて情報を得るようにしよう。大学の職員に質問ができるコーナーもあるよ。海外研修プログラムのことや資格を取得するためのサポート、就職の際の支援《しえん》体制、周辺のアパートの家賃など、気になることはなんでも聞いてみよう。

志望大学と住んでいる場所が離《はな》れていて、参加できないという人もいると思う。でも、だいじょうぶ。オンラインでオープンキャンパスをしている大学も多いので、スマートフォンやタブレット端末《たんまつ》を利用して自宅で見ることができる。受験生向けの個別相談をオンラインで受けつけている大学もあるので、利用してみるのもありだよ。

また、学園祭に行ってみるのも、その大学のリアルな雰囲気《ふんいき》や学生たちのふだんのようすを知ることができていいかもしれないよ。サークルや部活動も見られる。

学費・大学の場所・生活費のことも考える

大学の初年度の学費は、国立が約82万円、公立が約93万円、私立文系が平均で約１４８万円（文部科学省・私立大学等の令和５年度入学者に係る学生納付金など調査結果）となっている。私立では大学ごとに給付型奨学金《しょうがくきん》や、学費の一部が免除《めんじょ》になるなど、さまざまな奨学金《しょうがくきん》制度を設けているので調べてみよう。地方自治体や民間でも奨学金《しょうがくきん》の制度があるので、チャレンジしてみてはどうだろう。

下宿する場合の生活費は１カ月平均約12万５０００円（大学生協調べ第57回学生生活実態調査〈２０２１年〉）。だが、大学が都市部に立地している場合、家賃は高くなる傾向《けいこう》なので平均よりも生活費は膨《ふく》らむ。家賃も生活費も地方は比較的《ひかくてき》安い。

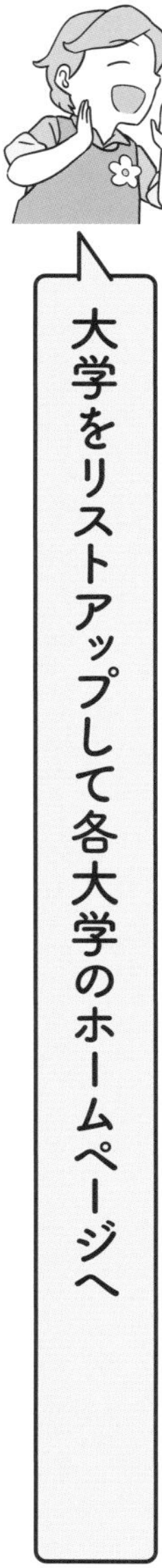
大学をリストアップして各大学のホームページへ

Q21 かかわりの深い教科はなんですか？

やっぱり国語の力は保育にも必要

文系、理数系の学科にかかわらず、どの学部でも国語力は必要だ。たとえば、教科書などを読んで内容を理解する力。レポートや卒業論文などを考え全体を構成して書く力。授業中のプレゼンテーションで、聞いている人に自分の意見や考えを伝える力。相手の思想や主張を理解する力などは国語に関係している。

子ども学部での勉強はもちろん、保育の現場でも国語力は重要なんだよ。

保育で大切な仕事のひとつは、一人ひとりの子どもを観察して自分なりの所見をまとめ、記録しておくことだ。子どもを見ていて気づいたことを、わかりやすく言語化することも保育のスキルのひとつだ。保育の仕事をする上で、自分の考えをまとめるということはすごく大事な作業となる。

また、子どもがこちらに伝えたいことを理解する、子どもにもこちらの言いたいことを

伝える、保護者に話を聞いてもらったり、保護者の言うことを理解したりするなど、言葉のキャッチボールができること、コミュニケーションを取ることが大切になってくる。

高校生の今からできるのは、国語の授業をしっかり受け、「読む」「書く」「聞く」「話す」を積極的に学び実践《じっせん》しておくことだよ。

高校の芸術系・音楽や美術の教科

ピアノやオルガン、ギターに合わせて歌を歌ったり、音楽にのりながらダンスをしたりと、保育園や幼稚園《ようちえん》の子どもたちにとって、音楽は欠かせないものなんだ。**だから音楽もかかわりの深い教科のひとつだ。**音楽では、長短音の見分け方をはじめとして基礎《きそ》知識を習うので、大学の授業を理解する時に手助けになるかもしれないね。

美術もしっかり勉強しておきたい教科だよ。子どもたちの想像力や創造力、感性は未知数だ。それらを育むために自由に絵を描《か》かせたり、造形で物をつくらせたりする。またアートは、子どもたちの精神を安定させる働きがあることも証明されており、幼児教育のなかでも重要な学びのひとつである。

保育者もある程度、絵が描《か》けたりすることを求められる場合もある。たとえば、季節ごとに園の壁《かべ》に、自分で描《か》いたイラストや絵を飾《かざ》ったり、子どもたちの絵を飾《かざ》ったりして、楽しそうな教室づくりをする。高校の美術で表現力や豊かな発想力を養うことは、大学の授業や保育の現場に出た時に役立つと思うよ。

国際化が進む保育の現場には英語も必要

グローバル化が進んでいることや入国管理法の改正により、日本でもたくさんの外国人が生活するようになった。これは都市部だけの話しではなく、地方にもコミュニティーをつくって多くの外国人が暮らしている。彼《かれ》らの子どもたちも、地元の日本の保育園や幼稚《ようち》園《えん》に入学してくる。**親のなかには日本語を理解できない人も結構いるので、相手が英語を理解するなら英語でのやり取りになる。**

スマートフォンのアプリには翻訳《ほんやく》機能をもつものもあり、それを活用するのもひとつだが、翻訳《ほんやく》機能アプリはたまにこちらが伝えたいことを、正確に伝えていないこともある。翻訳《ほんやく》機が自分の言いたいことを伝えているか、判断できる程度の英語力は欲しいところ。どうしてもわからない時に翻訳《ほんやく》機を使って、簡単なコミュニケーションはみずからが行うことが理想といえる。

また、最近は保育園や幼稚園《ようちえん》などでも、英語教育を取り入れている園もある。英語ができる保育者は、インターナショナルの幼稚園《ようちえん》に就職できる可能性もあるので、選択肢《せんたくし》も広がる。大学のなかには海外の幼稚園《ようちえん》や幼児教育関連の施設《しせつ》に、研修に行くところもある。中学・高校での英語の勉強もしっかりやっておいて損はないよ。

体育や理科の科目

幼児の体育は遊びの動きを通して「体のバランスを取る動き」「体を移動する動き」「用具などを操作する動き」を基本的に習得させる目的がある。中高生と幼児の体育では共通点は少ないが、こうした子どもたちの動きについていくのには体力が必要。**体育の時間もだが、日頃《ひごろ》から運動をして体力をつけておこう。**

また、子どもたちから草花の名前や、昆虫《こんちゅう》の名前を聞かれることも多い。子ども学部の授業のなかには、植物の標本をつくったり、昆虫を採取して名前を調べたりする授業を行っているところもある。理科や生物などを通して、植物や昆虫《こんちゅう》に興味をもっておくといいかもしれないよ。

関連が深いのは国語・英語・理科・芸術系・体育など

Q22 学校の活動で生きてくるようなものはありますか？

新聞やニュースで基《き》礎《そ》的《てき》な教養をつける

みんなは日頃《ひごろ》、新聞を読んでいるかな？　新聞はデジタル版で読んでいる人も増えて、紙ベースで読む人は徐々《じょじょ》に減りつつあるようだね。もし家で新聞を取っていなかったら、学校や公立の図書館などに行けば、いろいろな新聞を読むことができるよ。

読む内容はなんでもオッケー。新聞全部の見出しだけをさーっと読むだけでも、今、世の中で何が起こっているのか、おおよそのことがわかるよ。紙面の中でスポーツでも芸能でも、自分の興味のあるものから読んでみるのもいいね。また、同じトピックスでも新聞ごとに見方や意見が異なることもあり、複数を読み比べるのもおもしろいよ。

そしてもし、新聞で子どもにかかわること、たとえば「少子化」や以前問題になっていた「待機児童」などのトピックスがあったら、ぜひ読んでみて。今、子どもを取り巻く環《かん》境《きょう》がどうなっているか、どんな問題があるかなどを知ることができるよ。

新聞以外にも、裏番組をちょっと我慢《がまん》して、テレビのニュースなども見ておこう。保育士や幼稚園《ようちえん》の先生になった時に、こうして身につけた教養が案外いろいろなところで役に立つんだよ。

職業体験で障がい児施設《しせつ》へ行ってみよう

中学や高校の職業体験は可能であれば、障がい児施設《しせつ》を選ぶのをおすすめするよ。みんなのなかで、ボランティアを経験している人で多いのは、保育園とか学童クラブだろう。中学生・高校生の時に、障がい児施設《しせつ》や障がい児学童クラブでのボランティア経験を強く推《お》す先輩《せんぱい》もいるんだ。

「障がい」と聞くとどう接すればよいのだろうとか、ちょっとハードルが高いとか思う人もいるかもしれない。けれども経験した人からは、「障がいがあると身構えて行ったけれど仲よくなれた」とか、「視野が広くなった」「最初は意思の疎通《そつう》が大変だったけど、だんだん疎通《そつう》ができるようになり、コミュニケーション能力が上がった」なんて感想もあるよ。「障がい児のことが少しだけど理解できた」と話す人も。職業体験で障がい児施設《しせつ》を経験することで、得ることは大きいよ。

職業体験で行けなかったら、先生にボランティアで行ける施設《しせつ》を聞いてみよう。また、地域のボランティアセンターや社会福祉《ふくし》協議会のホームページで、募集《ぼしゅう》している施設《しせつ》はないか調べたり、相談をして空きがあれば紹介《しょうかい》してくれるよ。

きれいな字を書くように心がけよう

唐突《とうとつ》だけど、字は日頃《ひごろ》からていねいに書くように心がけたほうがいいよ。習字やペン習字などを習ってみるのもいいかもしれない。ペン習字は通信教育などでも講座があるので、空いている時間にトライしてみては。

では、なぜ文字なのかというと、保育士も幼稚園《ようちえん》の先生も連絡《れんらく》帳などに園での子どものようすなどを書いて、保護者とやり取りを行う。また子どもの作品に対してちょっとした感想を書いたり、クラスの壁《かべ》に張ることばを書いたりするよ。

案外、文字を書く機会は多いんだよ。だから読みやすい文字を書くことは大切。それに字がきれいだと印象もよくなると思わない？

コミュニケーション能力を高めよう

部活や生徒会・委員会などに入って活動することのメリットは、コミュニケーション能力や調整力、協調力が養われることだよ。こうした力はのちのち、なんらかの場面で役に立つことが多い。

円滑《えんかつ》な対人関係や意思の疎通《そつう》を図るために、家庭でも学校や職場でも「コミュニケーション能力」が大切だということはよく聞くよね。保育園・幼稚園《ようちえん》においても、子どもとのコミュニケーションはあたりまえ。その保護者とも円滑《えんかつ》なやり取りが必要となる。ところが、いろいろな個性をもつ子どもがいるのと同様に、保護者にも各自個性がある。

なかには、苦手なタイプの保護者がいるかもしれない。中高生の頃《ころ》は、苦手なタイプの子にはなるべく近寄らない、なんてことも許されたけど、仕事上ではそうはいかない。子どもを預かっているすべての保護者に対して、平等に誠実に対応しなくてはならない。

今できることは、身近なクラスメートや部活の仲間など、誰《だれ》とでも上手につきあえるコミュニケーションスキルをみがいておくこと。また、相手がどんな気持ちや考えがあって話しているのか、自分に何を伝えたいと思っているのかなど、日頃《ひごろ》から相手の立場でものを考える訓練をするのもいいと思うよ。

部活や生徒会・委員会には積極的に参加しよう

Q23 すぐに挑める子ども学部にかかわる体験はありますか？

ボランティアに積極的に参加

保育の現場に行くことはハードルが高いと感じたら、まず保育園や幼稚園《ようちえん》に行って見学させてもらうことから始めたらどうだろう。

子ども学部の学生は高校生の時に、保育園や児童館、学童でボランティアを経験している人も多いんだ。どうやって見つけたのかというと、学校の先生に保育園や学童などでボランティアをしたいと相談した人がほとんど。学校側から保育園に連絡《れんらく》を入れてくれたそうだ。ボランティアを希望している人は、まず先生に相談してみるといいよ。

保育園・幼稚園《ようちえん》の運動会などイベントの手伝いも、園に聞いてみればできるかもしれないよ。高校時代にボランティアを経験した先輩《せんぱい》たちのなかには、あらためて保育者になりたいと考え、受験のモチベーションが上がったと話してくれた人もいたよ。

ボランティアでは、子どもたちのフレンドリーな優しさや、かわいらしさを感じる一方

で、子ども特有のパワーに圧倒《あっとう》されたりしたというよ。実際に小さな子どもたちとふれあう経験や、保育の現場を見たりして得られる学びは多いというよ。

空から地上を見るように物事を見よう

人に関心をもって、物事に対して他人事ではなく自分事として感じる力を養おう。先にもボランティアに行ってみようと書いたが、子どものいる現場でボランティアを行うことは、物事を自分事としてとらえる力を培《つちか》うことができる方法のひとつだよ。

さらに、子ども学を将来勉強したい人に必要なのが、社会を高いところから下を見渡《みわた》すように、広い視野をもって物事を見ながら理解する力なんだ。たとえば、狭《せま》い社会の中で同じ考えをもつ、少数の人と向き合っているだけだと考えが偏《かたよ》ってしまう。子どもは近くにいる大人の影響《えいきょう》をすごく受けるので、保育者が視野も狭《せま》く狭量《きょうりょう》だと子どももその影響《えいきょう》を受けてしまう。

中学生や高校生の今できることは、社会を空から地上を見るように俯瞰《ふかん》して見つめる癖《くせ》をつけること。子どもや子どもを取り巻くいろいろなできごとや情報を、日頃《ひごろ》から意識して収集すること。そのためには、テレビで子どもの問題に関する特集番組を見たり、新聞や関連する書籍《しょせき》を読んだりするのもいいと思う。そしてそこで疑問に思ったことや考えたことを、友だちや先生、家族と話し合ってみよう。自分はこう考えたけど、ほかの人はこのように考えるんだと、その意見を一旦《いったん》、自分の中に受け入れてあらためて考えてみることは、実はとても大切なことなんだよ。こうしたことが大学に入学した後に、広い視野と深い探究心へとつながっていくんだ。

いろいろな児童書を読む

いろいろな児童書を読んでおこう。 大学では絵本に関する授業もあり、実習先では園の先生から子どもの前で絵本を読んで、と言われることがある。0歳《さい》から6歳《さい》の子どもが好みそうな絵本、童話、昔話《むかしばなし》などジャンルは問わず、とにかく読もう。

何を読んでいいのかわからなかったら、図書館などに行って司書の人によい本がないか聞いてみてもいいし、本をぱらぱらめくってみて興味をもったものを読んでみるのもいいよ。絵本を読むと子どもの世界が見えてきたりするんだ。だから絵本にふれておくのをおすすめしたい。

また、児童書以外に保育に関する本を読むことを、すすめてくれた人もいたよ。少し大きめの本屋さんや図書館に行くと、保育コーナーがつくってあり、さまざまなタイプの本がある。難しい本ではなく平易な文章で書かれた本もあるので、ちょっとだけ子ども学にふれてみて。

時間があったらピアノの練習を

もうすでに何度も書いているけど、子ども学部に入学してきた学生でまったくピアノにさわったことがないという人も一定数はいるよ。入学すれば先生がていねいな指導をしてくれて、卒業までには全員が弾《ひ》けるようにはなるけど、それでもピアノには苦労するようだ。クラブ活動や受験勉強で使える時間に余《よ》裕《ゆう》はないかもしれないが、推薦《すいせん》などで早めに大学が決まったら**ピアノの練習を始めるといいよ。**またピアノの練習が無理であれば、ピアノの楽譜《がくふ》ぐらいは読めるようにしておくと少しだけ楽かもしれないよ。

いろいろな児童書を読んでおこう

著者紹介

木村由香里（きむら ゆかり）

フリーライター・編集者。出版社勤務を経て独立。主に旅行誌や子ども向けの書籍、女性向けムック本、企業の広報誌を編集・執筆するほか、共著書に『美容師・理容師になるには』『大学学部調べ 教養学部』『大学学部調べ 生活科学部・家政学部』『高校調べ 国際学科高校』（ぺりかん社）などがある。

なるにはBOOKS 大学学部調《だいがくがくぶしら》べ

子《こ》ども学部《がくぶ》 中高生《ちゅうこうせい》のための学部《がくぶ》選《えら》びガイド

2024年5月31日　初版第1刷発行

著者　木村由香里
発行者　廣嶋武人
発行所　株式会社ぺりかん社
〒113-0033　東京都文京区本郷1-28-36
TEL：03-3814-8515（営業）/03-3814-8732（編集）
http://www.perikansha.co.jp/

装幀・本文デザイン　ごぼうデザイン事務所
装画・本文イラスト　保田正和
写真　編集部
印刷・製本所　株式会社太平印刷社

ISBN978-4-8315-1666-4
Printed in Japan

【なるにはBOOKS】ラインナップ　税別価格 1170円〜1700円

1 パイロット
2 客室乗務員
3 ファッションデザイナー
4 冒険家
5 美容師・理容師
6 アナウンサー
7 マンガ家
8 船長・機関長
9 映画監督
10 通訳者・通訳ガイド
11 グラフィックデザイナー
12 医師
13 看護師
14 料理人
15 俳優
16 保育士
17 ジャーナリスト
18 エンジニア
19 司書
20 国家公務員
21 弁護士
22 工芸家
23 外交官
24 コンピュータ技術者
25 自動車整備士
26 鉄道員
27 学術研究者（人文・社会科学系）
28 公認会計士
29 小学校教諭
30 音楽家
31 フォトグラファー
32 建築技術者
33 作家
34 管理栄養士・栄養士
35 販売員・ファッションアドバイザー
36 政治家
37 環境専門家
38 印刷技術者
39 美術家
40 弁理士
41 編集者
42 陶芸家
43 秘書
44 商社マン
45 漁師
46 農業者
47 歯科衛生士・歯科技工士
48 警察官
49 伝統芸能家
50 鍼灸師・マッサージ師
51 青年海外協力隊員
52 広告マン
53 声優
54 スタイリスト
55 不動産鑑定士・宅地建物取引士
56 幼稚園教諭
57 ツアーコンダクター
58 薬剤師
59 インテリアコーディネーター
60 スポーツインストラクター
61 社会福祉士・精神保健福祉士
62 中小企業診断士
63 社会保険労務士
64 旅行業務取扱管理者
65 地方公務員
66 特別支援学校教諭
67 理学療法士
68 獣医師
69 インダストリアルデザイナー
70 グリーンコーディネーター
71 映像技術者
72 棋士
73 自然保護レンジャー
74 力士
75 宗教家
76 CGクリエータ
77 サイエンティスト
78 イベントプロデューサー
79 パン屋さん
80 翻訳家
81 臨床心理士
82 モデル
83 国際公務員
84 日本語教師
85 落語家
86 歯科医師
87 ホテルマン
88 消防官
89 中学校・高校教師
90 動物看護師
91 ドッグトレーナー・犬の訓練士
92 動物園飼育員・水族館飼育員
93 フードコーディネーター
94 シナリオライター・放送作家
95 ソムリエ・バーテンダー
96 お笑いタレント
97 作業療法士
98 通関士
99 杜氏
100 介護福祉士
101 ゲームクリエータ
102 マルチメディアクリエータ
103 ウェブクリエータ
104 花屋さん
105 保健師・養護教諭
106 税理士
107 司法書士
108 行政書士
109 宇宙飛行士
110 学芸員
111 アニメクリエータ
112 臨床検査技師
113 言語聴覚士
114 自衛官
115 ダンサー
116 ジョッキー・調教師
117 プロゴルファー
118 カフェオーナー・カフェスタッフ・バリスタ
119 イラストレーター
120 プロサッカー選手
121 海上保安官
122 競輪選手
123 建築家
124 おもちゃクリエータ
125 音響技術者
126 ロボット技術者
127 ブライダルコーディネーター
128 ミュージシャン
129 ケアマネジャー
130 検察官
131 レーシングドライバー
132 裁判官
133 プロ野球選手
134 パティシエ
135 ライター
136 トリマー
137 ネイリスト
138 社会起業家
139 絵本作家
140 銀行員
141 警備員・セキュリティスタッフ
142 観光ガイド
143 理系学術研究者
144 気象予報士・予報官
145 ビルメンテナンススタッフ
146 義肢装具士
147 助産師
148 グランドスタッフ
149 診療放射線技師
150 視能訓練士
151 バイオ技術者・研究者
152 救急救命士
153 臨床工学技士
154 講談師・浪曲師
155 AIエンジニア
156 アプリケーションエンジニア
157 土木技術者
158 化学技術者・研究者
159 航空宇宙エンジニア
160 医療事務スタッフ
161 航空整備士
162 特殊効果技術者
学部調べ 看護学部・保健医療学部
学部調べ 理学部・理工学部
学部調べ 社会学部・観光学部
学部調べ 文学部
学部調べ 工学部
学部調べ 法学部
学部調べ 教育学部
学部調べ 医学部
学部調べ 経営学部・商学部
学部調べ 獣医学部
学部調べ 栄養学部
学部調べ 外国語学部
学部調べ 環境学部
学部調べ 教養学部
学部調べ 薬学部
学部調べ 国際学部
学部調べ 経済学部
学部調べ 農学部
学部調べ 社会福祉学部
学部調べ 歯学部
学部調べ 人間科学部
学部調べ 生活科学部・家政学部
学部調べ 芸術学部
学部調べ 情報学部
学部調べ 体育学部・スポーツ科学部
学部調べ 音楽学部
学部調べ 心理学部
学部調べ 水産学部・畜産学部・森林科学部
学部調べ 建築学部

―― 以降続刊 ――

※一部品切・改訂中です。　2024.4.